토니 레인키는 존 파이퍼 목사님과 동역하는 명석한 저자이다. 디지털 시대에 유튜브, 인터넷, 텔레비전, 도박, 포르노 등의 볼거리와 천국, 그리스도, 영생, 성경, 기도 등의 볼거리가 경쟁하고 있다. 이런 시대를 살아가는 그리스도인들은 세상의 스펙터클에 빠져 최고의 스펙터클인 예수 그리스도의 십자가를 놓치기 쉽다. 그리스도인들이 이 책을 읽고 세상의 스펙터클이 아닌 복음의 스펙터클을 바라볼 수 있길 바란다.

-권성수, 대구동신교회 담임목사

저자는 포스트모던 시대에 그리스도인들이 미디어를 비롯한 다양한 스펙터클에 사로잡혀, 하나님의 영광의 스펙터클을 바라보며 그 환희를 경험하는 축복을 잃어가고 있음을 지적한다. 세상의 스펙터클에 몸과 마음을 빼앗겨 길을 잃고 있는 오늘날의 그리스도인들에게, 저자는 친절하지만 단호하게, 우리의 의지적 선택을 사용하여 우리의 눈과 귀를 지으신 하나님께 우리의 눈과 귀를 돌려드리라고 말한다.

-권장희, 사단법인놀이미디어교육센터 소장

저자는 구약 시대 선지자처럼 이 책을 통해 스펙터클 문화 속에서 봄으로써 만족하려는 사람들의 우상숭배적 욕망을 드러내고, 오늘날 난무하는 이미지와 영상들이 어떻게 기독교의 경건을 무너뜨리게 되었는지 예리하게 분석한다. 그리고 사상 최대의 스펙터클인 그리스도의 영광스러운 광채를 보게끔 독려한다. 스펙터클 문화 속에서 살아가는 모든 동료 그리스도인들이 이 책을 읽기를 간절히 바라면서 이 책을 강력하게 권하는 바이다.

−김형익, 벧샬롬교회 담임목사

토니 레인키는 모두에게 필요하지만 누구도 명쾌하게 분별해내지 못한 주제를 잘 정리하여 이 시대의 그리스도인들에게 제시하였다. 그는 우리가 사는 시대정신을 하나님의 말씀의 관점에서 간파하여 그 정체성을 백일하에 드러내고 있다. 이 통찰력 가득한 책을 통하여 많은 그리스도인들 특히 다음세대인 청소년과 젊은이들이 하나님께서 허락하신 영광스런 정체성 곧 그리스도인으로서의 정체성과 천국시민으로서의 정체성을 강화하게 될 것이라 믿는다.

−오정호, 새로남교회 담임목사, 미래목회포럼 대표

우리의 눈을 확 사로잡는 것만이 우리의 관심이 되는 세상에서 이 책은 어떻게 세상의 스펙터클에 눈을 빼앗기지 않을 수 있는지 말해주며, 나아가 진정으로 관심을 가져야 할 것에 집중하라고 요청한다. 이 책을 통해 이 세상의 스펙터클에서 눈을 돌려 그리스도와 그분의 사건들을 잘 보고, 그것을 다른 사람들에게

제시하는 길을 추구하게 되기를 바란다. 이 책은 정말 귀한 책이다. 우리가 이 책의 내용대로 실천할 수 있다면 그것은 정말로 귀한 일이 될 것이다.

─이승구, 합동신학대학원대학교 조직신학 교수,
한국 복음주의 신학회 회장, 《1980년대 기독교 문화관》 역자

이 시대는 아주 강력하고 흡입력 있는 스펙터클이 즐비하다. 저자는 바로 이러한 스펙터클의 홍수 시대에 우리가 어떤 '시각적인 문화에 관한 신학'을 가져야 할지를 논한다. 저자는 "보는 것을 멈추지 말라"는 세속주의의 유혹을 어떻게 떨쳐내고, 하나님의 구속 사역 이야기라는 지상 최대의 스펙터클에 시선을 돌릴 것인가를 설득력 있게 제시한다. 성도들, 특히 다음세대를 대상으로 미디어 관련 교육을 할 때 아주 효과적으로 사용될 수 있을 것으로 기대된다.

─이윤석, 독수리기독학교 기독교학교연구소장, 보배교회 협동목사

우리의 시선을 그리스도로부터 빼앗아 여러 헛된 것과 우상으로 향하게 하려는 시도는 과거부터 계속 있어 왔다. 그러나 과거와 달리 그 싸움은 더 치열해졌고, 그것들은 그리스도인들의 삶을 더 접근성 있게 파고든다. 이 책은 우리가 무엇을 보는지가 중요하다고 말한다. 이 책은 영상 문화를 분별력 있게 취사

선택하는 데 취약한 현세대와 특별히 다음세대들에게, 어떤 스펙터클을 추구해야 하는지에 대해 올바른 분별과 방향성을 제시한다.

—**이재욱**, 카도쉬아카데미 공동대표, Bright teens 청소년전문연구소 소장

닐 포스트먼의 《죽도록 즐기기》가 출간된 지 30년이 지나서, 토니 레인키는 현대 미디어가 미치는 영향을 새로운 수준에서 심도 있게 분석했다. 이 책의 개념은 사려 깊으며, 봄으로써 거룩해진다는 심오한 성경적 전략에 근거하고 있다(고후 3:18). 그리스도의 영광스러운 스펙터클은 '기독교적 성화의 원동력'이다. 추한 스펙터클은 우리를 추하게 만들고, 아름다운 스펙터클은 우리를 아름답게 만든다. 저자는 '더 위대한 스펙터클을 기대함으로써' 디지털 이미지의 해로운 영향을 피할 수 있는 방법을 잘 가르쳐주고 있다.

—**존 파이퍼**, 디자이어링갓 설립자 겸 강사, 베들레헴신학교 총장

이 책은 전파성 강한 최신 비디오나 우리 자신의 디지털 아바타로부터 눈을 돌려 우리를 종종 움찔하게 하는 스펙터클, 곧 십자가에 못 박히신 주님을 바라보는 법을 가르친다. 우리에게 필요한 스펙터클은 바로 그것이다.

—**러셀 무어**, '남침례회 연맹' 산하 '윤리 및 종교적 자유 위원회' 대표

이 책은 우리의 왜곡된 시각을 진단하는 데 그치지 않고, 뛰어난 영적 시력을 가져다주는 스펙터클을 처방하고 있다. 반드시 읽어야 할 책이다.

—싱클레어 퍼거슨, 리폼드신학교 조직신학 교수, 리고니어 미니스트리 강사

그리스도 안에 거하면서 동시에 문화에 참여하기를 원하는 밀레니엄 세대인 나로서는 이 책이 너무나도 유익했다. 세상은 끊임없이 오락물을 제공함으로써 우리의 관심을 사로잡으려고 한다. 그러나 레인키는 우리의 마음을 소생시켜 그리스도의 스펙터클을 바라보도록 고무한다. 나는 이 책을 통해 복음의 영광이 나를 통해 반향되고, 나로 하여금 그리스도를 닮은 삶을 살게 능력을 준다는 것을 깨닫고서, 세상의 오락물로부터 한 걸음 물러나 복음의 영광을 바라보게 격려받았다.

—헌터 비레스, Journeywomen 팟캐스트 진행자

만일 이 책을 읽고, 소음으로 우리를 잠식시키려고 위협할 뿐 아니라 인간답게 살아가게 돕는 것들에 관심을 기울이는 능력을 우리에게서 빼앗아 가는 모든 형태의 미디어를 차단하고, 디지털의 독성을 해독하는 데 도움을 받는다면, 그것은 이 책이 끼치는 선한 효력의 시작일 것이다.

—데이비드 테일러, 풀러신학교 "신학과 문화" 담당 조교수

미디어에 잠식된 문화 속에서 기독교적인 삶을 살아가는 방법을 찾기가 그 어느 때보다 더 혼란스러워졌다. 명료한 생각이 절실히 필요한 이때, 저자는 바로 그것을 제공하고 있다.

—자켈 크로우, 《*This Changes Everything*》의 저자

토니 레인키는 우리가 온갖 오락물과 스펙터클과 놀이가 끊임없이 제공되는 이 세상에서 살아가는 동안, 자신을 주의 깊게 살펴야 한다는 선지자적이고 은혜가 충만한 경고의 외침을 발하고 있다.

—트레빈 왁스, 라이프웨이 크리스천 리소스의 성경과 참고문헌 담당 디렉터, 《*This Is Our Time*》, 《*Eschatological Discipleship*》, 《*Gospel-Centered Teaching*》의 저자

이 책은 겸손히 우리의 눈을 들어 십자가에 못 박히신 주님을 바라보며 "저에게 주님의 영광을 보여주소서"라고 기도하도록 이끎으로써, 현실과 정직함과 침착함을 되찾도록 도와준다.

—레이 오틀런드, 테네시주 내슈빌 임마누엘교회 담임목사

토니 레인키는 이미지에 잠식된 사회가 믿음과 지혜를 어떻게 위협하고 있는지를 간결하고 명료하게 보여준다. 저자의 메시지에 주의를 기울이는 것이 현명하다.

—크레이그 M. 게이, 리젠트칼리지 교수, 저술가

스펙터클 문화 속의 그리스도인

스펙터클 문화 속의 그리스도인

지은이   토니 레인키
옮긴이   조계광
펴낸이   김종진
초판 발행   2021. 8. 11.
등록번호   제2018-000357호
등록된 곳   서울특별시 강남구 선릉로107길 15, 202호
발행처   개혁된실천사
전화번호   02)6052-9696
이메일   mail@dailylearning.co.kr
웹사이트   www.dailylearning.co.kr

책값은 뒤표지에 있습니다.
ISBN 979-11-89697-22-8 03230

스펙터클 문화 속의 그리스도인

토니 레인키 지음

개혁된실천사

"그러므로 너희가 그리스도와 함께
다시 살리심을 받았으면 위의 것을 찾으라
거기는 그리스도께서 하나님 우편에 앉아 계시느니라"
골로새서 3:1

"스올과 아바돈은 만족함이 없고 사람의 눈도 만족함이 없느니라"
잠언 27:20

"오, 내가 갈망하는 기쁨을 볼 수만 있다면 더 바랄 것이 없으리!"
안셀무스

• 목차

Part 1. ——————
스펙터클의 시대

Part 2. ───────

스펙터클

| Part 1 |

스펙터클의 시대

§1 디지털 환경 속에서의 삶

만들어진 이미지들이 우리의 삶의 환경을 조성했던 적은 역사상 일찍이 없었다. 이것은 최근에 시작된 현상이다. 대니얼 부어스틴은 60년 전에 이렇게 경고했다. "우리는 우리의 환상을 현실처럼 생생하게 만들어 놓고, 그 속에 안주해 살아가는 역사상 최초의 인류가 될 위기에 처해 있다. 우리는 지구상에서 가장 심각하게 환상에 빠진 사람들이다. 그런데도 우리는 환상에서 벗어나려고 하지 않는다. 그 이유는 우리의 환상이 우리가 사는 집이고, 우리의 새로운 뉴스이자 영웅이요 모험이자 예술이자 우리의 경험 자체이기 때문이다."[1] 60년이 지난 지금, 그가 말한 위기는 현실이 되었다. 우리는 우리가 보는 모든 방송 매체가 삶 자체인 것처럼, 곧 우리의 이미지가 우리에게 대안적 실존을 제시하기라도 하는 것처럼 살아간다.

나는 이런 문화 현상에 이의를 제기하는 바이다.

---

1. Daniel J. Boorstin, *The Image: A Guide to Pseudo-Events in America* (New York: Vintage, 2012), 240.

소비 사회에서 이미지는 거래의 언어다. 이미지는 우리 내면에 있는 것을 자극해 우리에게서 무언가를 얻어 내고자 한다. 새로운 이미지는 우리의 시간, 관심, 분노, 돈, 정욕, 감정, 투표권 등, 온갖 종류의 것을 요구한다. 그런 요구를 거부하는 것이 과연 가능할까? 그렇게 하려고 노력해야 할까?

이 책은 우리를 점점 더 사방에서 압박하고 있는 시각적인 문화에 관한 신학을 제시하는 데 그 목적이 있다. 이 책은 당신이 텔레비전에서 무엇을 볼 것인지 선택하는 문제와 관련해서는 아무런 도움도 주지 않는다. 그런 것을 원한다면 온라인에서 프로그램 편성표를 찾아보는 것이 좋을 것이다. 또한, 이 책은 복음의 렌즈로 대중 영화를 감상하도록 돕지도 않는다. 그런 도움을 제공하는 책은 이미 여러 권 나와 있다. 이 책은 생각을 필요로 하는 영화의 서술 구조의 실타래를 푸는 데도 그다지 유익하지 못하다. 그런 도움을 원한다면 친구들과 진지하게 대화를 나누는 것이 가장 좋을 것이다. 이 책의 목적은 그리스도인들을 디지털 중독에서 벗어나게 만드는 데 있다. 이제는 모두 자발적으로 대중 매체, 뉴스 매체, 소셜 미디어를 차단하고, 화면에서 눈을 떼 우리 삶의 우선순위를 재구성해야 할 때가 되었다.

관례대로 나는 이 책에 많은 각주를 붙였다.[2] 처음 읽을 때는 각주가 없는 것처럼 무시하고 편하게 읽어 나가는 것이 좋을 것이다. 각주는 나중에 좀 더 깊이 생각하기 위해 참고해도 된다.[3]

책의 간결성을 위해, 큰 붓을 이용해 하얀 캔버스에 검은색으로 대략 스케치하듯 논리를 전개했다. 다양한 색상을 사용해 세부적으로 묘사하려고 했다면, 책의 부피가 훨씬 더 커졌을 것이다. 나는 오로지 "오늘날과 같은 '스펙터클의 시대,'[4] 곧 우리의 관심을 놓고 서로 경쟁하는 디지털 이미지와 만들어진 볼거리와 온라인 영상이 난무하는 환경 속에서 어떻게 영적으로 번성할 수 있을까?"라는 한 가지 질문에 대답하려고 노력했다.

---

2. 기술적으로는 미주를 붙일 수도 있었지만, 나는 각주를 선호한다.

3. 아니, 정말로 각주를 무시하라.

4. Guy Debord, *La société du spectacle* (Paris: Buchet-Chast, 1967).

§2 스펙터클의 정의

먼저 이 용어의 의미를 간단히 정의하는 것이 필요하다. 스펙터클은 다음 두 가지 중 하나를 의미할 수 있다. 복수로 쓰인 스펙터클Spectacles은 시력을 보강해 물체를 선명하게 볼 수 있도록 도와주는 안경을 가리킨다. 세계관을 비유적으로 표현하여 '세상을 바라보는 안경'이라고 일컫기도 한다. 그러나 나는 스펙터클이라는 말을 그런 의미로 사용하지 않았다. 이 책에서 스펙터클Spectacle이라는 단어는 두 번째 의미, 곧 여러 시선이 길거나 짧은 시간에 특정 이미지 또는 사건에 고정되는 현상을 가리키는 의미로 사용되었다. 스펙터클은 인간의 관심을 사로잡는 것, 곧 우리의 눈과 뇌를 우리 앞에 투사된 것에 초점을 맞춰 고정시키게 하는 것을 의미한다.

오늘날과 같이 모든 것을 노골적으로 들춰내는 사회에서 스펙터클은 종종 논란의 여지가 있는 사건들을 가리킨다. 예를 들면 스포츠나 연예나 정치와 관련된 추문들이다. 불꽃이 튀어 불길로 화하는 것처럼 소셜 미디어를 통해 추문이 사방팔방으로 퍼져 나가 수많은 사람의 시선을 단번에 사로잡는다. 이것이 스펙터클이다. 미디어의 속도가 갈수록 빨라지면서 가장 사소한 말실수나 위선적인 정치적 이미지가 곧바로 스펙터클로 바뀐다. 소셜 미디어상에서 가장 확산력이 큰 스펙터클은 나중에 아무런 근거가 없는 소문이자 가짜 뉴스로 밝혀지는 외설적인 이야기들이다.[1]

사실이든 거짓이든 허구든 상관없이 집단의 시선을 사로잡는 볼거리, 그것이 곧 스펙터클이다. 이것이 이 책의 초점이다. 스펙터클은 감탄을 자아내는 사진, 눈길을 끄는 광고판, 창의적인 애니메이션, 잡지 중간에 삽입되어 있는 사진, 재치 있는 상업 광고, 또는 뮤직 비디오 등의 형태로 주어진다. 그것은 광고이거나 안티광고anti-advertisement일 수도 있고, 시트콤이거나 안티시트콤anti-sitcom일 수도 있으며, 토크쇼이거나 안티토크쇼일 수도 있다. 스펙터클은 TV 쇼를 논하는 TV 쇼, 광고를 논하는 광고, 영화를 논하는 영화처럼 메타 구조를 띠기도 한다. 비디오 게임의 야심찬 영상,

---

1. Robinson Meyer, "The Grim Conclusions of the Largest-Ever Study of Fake News," theatlantic.com, March 8, 2018.

TV 연속물, 블록버스터 영화, 공포 영화, 어떤 운동선수의 영광이나 상처를 그린 스포츠 동영상 클립, 소셜 미디어에 게시된 바이럴 GIF(공유되어 전파되는 성질이 강한 GIF—편집주)도 모두 스펙터클에 속한다.

스펙터클은 우발적일 수도 있고 의도적일 수도 있다. 역사적인 대통령 취임식, 유명 인사의 실수, 엄청난 실패, 장난, 속임수, 객관적이지 못한 논평, 드론 경주, e스포츠 경기, 가상의 대포와 싸우는 온라인 생중계 비디오 게임, 철제 무기로 싸우는 실제 전쟁 등 우리의 눈길을 사로잡기 위해 경쟁하는 모든 것을 가리킨다. 이 밖에도 유튜브 백만장자가 올린 최근 동영상이나 자발적, 공개적으로 모여 어떤 행동을 하고 해산하는 사람들도 스펙터클에 해당한다. 스펙터클을 만드는 시대는 목소리 큰 선동가나 멍청한 아이콘(이들은 다른 사회적 역할에는 전혀 적합하지 않고 단지 유명하기만 함)과 같은 특별한 형태의 유명 인사를 배출한다.

광고 제작자들은 사전에 계획된 스펙터클을 이용해 기업의 이익을 추구하지만, 그와는 달리 어떤 스펙터클은 더 소름 돋게 만드는 기원을 갖는다. 예를 들면, 페이스북으로 생중계되는 십 대 청소년의 자살 과정, 공개적인 암살 현장, 경찰의 발포 행위를 담은 동영상, 치명적인 교통사고 현장을 촬영한 동영상 등이다.

인기 있는 동영상 광고가 수많은 사람을 현혹시켜 구매를 부추기는 것처럼, 스펙터클은 수많은 사람에게 말하는 동시에 당신을 타게팅할 수 있다. 생중계되는 정치적 연설이 유권자들을 현혹시켜 표를 얻어 내는 것처럼, 스펙터클은 통합된 목적을 위해 공동체를 하나로 결집시키는 역할을 하기도 한다. 하나의 특정한 트윗도 바이럴 스펙터클viral spectacle(상호 공유를 통해 급격히 확산되는 스펙터클—편집주)이 될 수 있다. 트위터라는 전체적인 생태계 자체가 하나의 끊임없는 스펙터클이다.

지역 스포츠팀을 응원하는 것처럼 지역 사회의 단합을 끌어내는 스펙터클도 있고, 극장에서 영화를 보는 것처럼 서로 아무런 관계가 없는 사람들을 한자리에 모아놓는 스펙터클도 있으며, 거실에서 텔레비전을 통해 영화를 보는 것처럼 작은 집단의 사람들을 한곳에 불러 모으는 스펙터클도 있다. 어떤 스펙터클은 아이패드를 통해 시청하는 넷플릭스 영화나 스마트폰의 소셜 미디어나 개인용 게임기를 이용한 놀이처럼 우리를 따로 놀게 만들기도 하고, 어떤 스펙터클은 가상 현실 고글처럼 우리를 공간적으로 분리하기도 한다.

게다가 스펙터클은 다양한 양식을 통해 다양한 형태의 행동을 자극하기까지 한다. 좋은 영화와 같은 스펙터클은 우리의 생각을 몽환의 상태로 이끌고, 우리의 몸을 움직일 생각조차 잊게 만든다. 소셜 미디어와 같은 스펙터클은 사람들의 관심이 우리에게 쏠리는 순간 도파민을 분출시켜 짜릿한 쾌감을 느끼게 만들고, 생방송 TV 프로그램을 보면서 트위터로 교감을 나누는 것과 같은 스펙터클은 우리를 시청자들의 공동체에 참여하게 만든다. 이처럼 스펙터클은 우리를 자기중심적으로 만들기도 하고, 우리 자신을 잊고 다른 사람들에게 초점을 맞추게 만들기도 한다. 이 밖에도 음탕한 관음증이나 정욕을 부추기는 스펙터클도 있다.

우리는 다양한 방식으로 스펙터클에 이끌린다. 슈퍼볼 경기가 대표적인 경우다. 그것은 다양한 방식으로 우리의 관심을 사로잡는다. 경기장 안에서 함성을 내지르는 6만

관중과 함께 경기를 볼 수도 있고, 거실에서 몇몇 친구들과 함께 경기를 볼 수도 있으며, 시청 시간에 시차를 두어 다음 날에 스마트폰으로 주요 장면들을 볼 수도 있다. 슈퍼볼은 또한 인기 있는 스펙터클들이 하나로 중첩되어 나타나는 대표적인 경우에 해당한다. 슈퍼볼은 스포츠 스펙터클, 유명 인사 스펙터클, 엔터테인먼트 스펙터클, 광고 스펙터클이 하나로 혼합되어 최신의 소모성 제품, 기기 장치, 비디오 게임, 할리우드 개봉 영화에 관한 대중의 관심을 자극한다. 가장 강력한 스펙터클 제작자들이 슈퍼볼에서 만나, 심지어 서로로부터 자극을 받으면서 다채로운 볼거리를 제작하며 4시간 동안 우리의 눈을 즐겁게 한다.

스펙터클은 그 모든 것의 배후에서 우리로부터 무언가를 얻기를 원한다. 그 가운데 하나는 "소비"다. 우리는 단지 스펙터클을 즐기는 객체에 그치지 않고, 그것에 반응하는 주체가 된다. 시각적인 이미지들이 우리의 마음속에서 동기를 불러일으킨다. 이미지들이 우리의 행동을 종용한다. 이미지는 우리의 찬사와 감탄과 애정과 시간과 격정을 요구하며, 우리의 동의와 인정과 승인과 공유 능력과 지갑을 요구한다.

§3 산만한 스펙터클 추구자들

우리는 왜 스펙터클을 원할까? 그 이유는 우리가 "영광"을 보고 싶어 하는 강력한 욕구를 지닌 인간이기 때문이다. 우리의 눈이 위대한 것을 찾는 동안 우리의 마음은 찬란한 영광을 추구한다. 우리를 그럴 수밖에 없다. "세상은 경이로움을 갈망한다. 그런 갈망은 하나님을 위해 만들어진 것이다. 그러나 세상은 주로 영화를 통해 그것을 추구한다."[1] 영화 외에도 엔터테인먼트, 정치, 실제 범죄, 유명 인사에 대한 가십, 전쟁, 생중계 스포츠 등을 통해 경이로움을 추구한다. 안타깝게도 우리는 우리의 삶에 아무런 가치를 더해주지 못하는 것들에 헛되이 시간을 낭비한다. 올더스 헉슬리는 이것을 "산만한 것을 추구하는 무한한 인간의 욕구"로 일컬었다.[2]

가치 있는 것을 추구하든 가치 없는 것을 추구하든, 우리의 눈은 만족할 줄을 모른다. 이런 시각적 욕구는 관심

---

1. John Piper, twitter.com, April 12, 2017.

2. Aldous Huxley, *Brave New World Revisited* (New York: Harper & Row, 1958), 35.

attention이 무엇이고, 그것을 어떻게 사용해야 하는지에 관한 흥미로운 물음을 제기한다.

윌리엄 제임스는 그의 대표작인 《심리학의 원리》 제1권에서 "관심을 지닌" 존재가 된다는 것의 경이롭고 신비로운 의미를 설명했다.[3] 그는 "(인간의 관심이란) 어떤 것을 효과적으로 대하기 위해 다른 것들로부터 물러나는 것을 의미한다. 이것은 프랑스어로 '디스트락시옹distraction'이라 불리는 상태, 곧 혼란스럽고 멍하고 정신이 산만한 상태와 정반대되는 것을 의미한다."라고 말했다.[4]

관심(주의력)은 다른 모든 것에서 물러나 어떤 한 가지에 초점을 맞추는 기술이다. 그것은 아무것에도 주의를 기울이지 못하는 산만한 스펙터클 추구자들이 느끼는 현기증과는 정반대된다. 관심은 우리가 주변 세상을 인식하는 방법을 결정한다. 제임스는 "외부에서 나의 감각을 자극할 뿐, 나의 경험 속으로 들어오지 못하는 것들이 셀 수 없이

---

3. William James, *The Principles of Psychology* (New York: Henry Holt, 1890), 1:402–58.

4. Ibid., 404.

많다. 왜 그럴까?"라고 묻고, "그 이유는 내가 그것들에 관심을 두지 않기 때문이다. 내가 관심을 두기로 결정한 것만이 나의 경험이 된다. 오직 내가 주의를 기울이는 것들만이 내 생각을 형성한다. 선택적인 관심을 두지 않은 경험은 순전한 혼란에 지나지 않는다."라고 대답했다.[5] 제임스의 주장에 따르면, 이 책을 읽는 사람은 지금 당장 생각을 집중할 수 있는 많은 것들 가운데서 한 가지, 곧 이 책에 관심을 기울이기로 선택한 셈이다. 따라서 독자가 지금 무시하기로 결정한 주변의 다른 많은 것들이 아닌 바로 이 책이 지금 독자의 삶을 형성하는 중이다. 이것이 바로 관심이다. 관심이란 이리저리 흔들리는 생각의 초점을 한 가지에 집중하는 기술을 터득하는 것을 의미한다. "이리저리 흔들리는 관심을 자발적으로 반복해서 되돌리는 능력이 판단력과 인격과 의지의 근간이다."[6]

바꾸어 말해, 우리는 단순한 환경의 산물이 아니다. 우리

5. Ibid., 402.
6. Ibid., 424.

는 우리의 관심을 붙잡는 것에 의해 형성된다. 우리가 관심을 기울이는 것이 우리의 객관적이고 주관적인 현실이 된다. 일란성 쌍둥이를 똑같은 환경에서 키우더라도 서로 다른 것에 관심을 기울이면 인격이 다르게 형성될 것이 분명하다. 우리는 우리의 흥미를 끄는 것에 주의를 기울인다. 우리는 우리가 보는 것을 닮아 간다.

§4 이미지가 전부다

테니스 슈퍼스타 안드레 애거시는 열아홉의 나이에 캐논 카메라의 TV 광고에서 주역을 맡았다. 광고 안에서 그는 사람의 눈길을 사로잡는 온갖 자세를 취했으며, 쳐다보는 사람의 눌러대는 카메라 셔터 앞에서 멋진 스펙터클을 연출했다. 광고 말미에 애거시는 흰색 람보르기니에서 걸어 나와, 남들이 모르는 것을 알고 있다는 듯한 미소를 지은 얼굴로 고개를 기울여 선글라스를 약간 아래로 쳐지게 하고 나서 진지한 눈빛으로 "이미지가 전부다."라는 한마디의 대사를 말했다. 광고는 열광적인 호응을 불러일으켰다. 애거시는 처음에는 그 슬로건을 하루에 두어 차례 들었지만, 날이 갈수록 그 횟수가 늘어나서 결국에는 하루 여섯 번, 열 번을 넘어섰고 급기야는 계속해서 듣게 되었다고 말했다.

애거시는 그의 자서전에서 그 충격적인 경험을 이야기했다. 그는 그 말이 뇌리에 박혀서 떨쳐버릴 수가 없었다. "이미지가 전부다."라는 말이 애거시에게 하나의 이미지가 되고 말았으며, 그는 그 말을 떨쳐버리기 위해 수년의 세월을 흘려보내야 했다. 그는 이렇게 말했다. "하룻밤 사이에 그 말이 나와 동일시되었다. 스포츠 기자들은 그 말을 나의 내적 본성, 곧 나의 본질에 빗대었다. 그들은 그것이 나의 철학이자 종교라고 말했고, 그것이 나의 묘비명이 될 것이라고 예언했다."[1] 군중은 경기의 승패와 상관없이 그를 향해 이 말을 외쳐댔다. 때로 그 말에는 "멋지게 질 수 있다면 우승컵보다 낫지 않은가?"라는 의미가 담겨 있었다. 그 말은 그의 테니스 목표를 비웃었고, 운동선수로서의 그의 포부를 경시했다. 그 말은 그를 냉소적으로 변화시켜 관중들에게 냉담하고, 기자들에게 짜증을 내고, 결국에는 대중의 시선 자체를 역겨워하게 만들었다. 애거시는 희생자였다. 그 카피 문구의 희생자였다기보다 스펙터클의 시대에 등장한 새로운 자극의 희생자였을 것이다. 이미지와 실체 substance가 이제 분리되고 말았다(이미지는 본래 그런 것이기 때문이다. 즉, 이미지는 외관과 실체를 갈라놓는 모사품이자 표면적 현상이자 대상이다). "말이 아닌 이미지가 지배하는 세상에서 내면적인 삶

---

1. Andre Agassi, *Open: An Autobiography* (New York: Vintage, 2010), 131–32.

은 외적인 쇼에 그 자리를 내어주고, 실체는 모조품에 자리를 내어준다."[2]

스펙터클의 시대에는 이미지가 곧 우리의 정체성이다. 우리의 정체성이 미디어를 통해 형성되는 것은 불가피한 일이다. 영화에 관해 말한 자크 엘룰의 뭔가를 일깨우는 말을 빌려서 말해보자면, 우리는 직접 경험할 수 없었던 삶을 영상을 통해 대리 만족을 느끼기로 선택하는 것이다. 우리는 우리의 것이 아닌 다른 삶 속으로 도피해 다른 사람들의 경험에 적응된다. 우리는 우리가 투영한 모조품 안에서 살아간다. 곧 우리가 열광하는 유명 인사들의 환상 속에서 살아간다. 그 결과는 참담하다. "인간은 마치 껍질을 빼앗긴 달팽이처럼, 활동 영상의 틀에 따라 모양이 결정되는 한 덩이의 플라스틱 물질에 불과하다."[3]

인기 있는 영화들은 "욕망의 교육학"을 구현한다. 그곳

---

2. Douglas Rushkoff in the afterword to Daniel J. Boorstin, *The Image: A Guide to Pseudo-Events in America* (New York: Vintage, 2012), 265.

3. Jacques Ellul, *The Technological Society* (New York: Vintage, 1964), 377.

에서 우리의 사랑과 갈망과 정체성이 형성된다.[4] 스펙터클의 시대에 우리는 우리의 껍질, 곧 우리의 구체적인 실존을 단단하게 감싸고 있는 것을 벗어버리고, 미디어에서 묘사하는 추상적인 삶 속에서 살아가면서 그곳에서 우리의 모양과 형태를 발견하려고 한다. 우리는 전적으로 우리의 이미지들(소비되고 투영된 이미지들)의 세계 속에서 살 수 있기 때문에, 공동체 안에서의 우리의 위치와 정체성을 잃게 된다. 우리는 하나님이 우리에게 주신 몸 안에 있다는 것이 무슨 의미인지 전혀 감지하지 못한다. 인간성을 감싼 단단한 테두리에서 벗어난 우리는 여러 모양으로 마음대로 빚을 수 있는 자율적인 플라스틱 덩어리로 변형되었다. "디지털 기술은 사회와 창조세계를 우리의 육체, 물질적인 질서, 사회적 위치라는 구체성으로부터 추상화시켜, 조작된 상징과 이미지의 철저하게 인공적으로 조성된 환경 안에

---

4. James K. A. Smith, *Desiring the Kingdom: Worship, Worldview, and Cultural Formation*, vol. 1, *Cultural Liturgies* (Grand Rapids, MI: Baker Academic, 2009), 110.

초현대적 자아를 안치시킨다."[5] 우리는 자연과 공동체는 물론, 우리의 참된 자아로부터 이탈되어 추상화된 자아로 전락한다.

미디어에 의해 촉발된 정체성 혼란은 우리의 휴대전화에 장착된 디지털카메라를 통해 더욱 증폭된다. 디지털카메라의 적시 출현은, 소셜 미디어 안에서 이미지를 셀프캡쳐하고 셀프편집하는 일이 통합적으로 이루어질 수 있게 하였다.

5. Alastair Roberts, "The Strangeness of the Modern Mind," December 7, 2017, alastairadversaria.com.

§5 소셜 미디어를 통한 자아의 스펙터클

인류학자 토머스 드 젠고티타는 우리가 우리의 자아상을 왜곡시키는 거울 미로 속에서 길을 잃었다고 주장한다. 그는 현대의 화상 기술이 디지털 시대의 중독성 강한 쾌락의 정점에 오르게 된 이유는 화상을 통해 우리가 관객이자 스타라는 이중 역할을 하면서 살아가는 것이 가능해졌기 때문이라고 말했다.[1]

우리의 이미지나 트윗이나 밈meme을 통해 우리에게 폭넓은 관심이 쏟아지는 드문 순간이 찾아올 때, 우리는 스타가 된다. 그와 동시에 사람들의 인정과 사랑을 받는 우리자신을 스스로 바라볼 때, 우리는 관객이 된다. 소셜 미디어에서는 관객이자 스타라는 우리의 이중 역할이 "특별히 강렬하게 드러난다. 한 낯선 사람이 어떤 공적 장소에서 손에 들린 화상 기기에 얼굴을 묻고 온전히 몰입된 채 열띤 표정으로…전국은 물론 전 세계로 퍼져 나가는 실황 방송

---

1. Thomas de Zengotita, "We Love Screens, Not Glass," theatlantic.com, March 12, 2014.

을 한다. 그가 최근에 유행하는 주제에 관해 재치 있는 말로 경쟁을 벌이는 순간, 그는 주변의 관심이 폭증하는 것을 느낀다. 그것은 마치 우주적인 힘과 접촉하는 듯한 느낌이다. 이 모든 것은 개인이 소유한 화상 중에 가장 작고 가장 강력한 화상, 곧 스마트폰의 화상 덕분이다."[2] 다른 사람들이 우리를 지켜보고 있는 것을 생각하면, 우리는 스타가 된 듯한 강력한 에너지를 느끼는 동시에 스스로 관객이 되어 자신의 디지털 자아를 바라보게 된다.

우리의 디지털 사진과 셀피는 이런 자기 투영을 가일층 증폭시킨다. 세계적인 통계에 따르면, 일 년에 1조 장이 넘는 디지털 사진이 촬영되어 게재된다고 한다. 우리는 우리 자신과 친구들의 휴대폰 앞에서 배우가 된다. 우리는 우리의 자아를 편집하고, 외모를 걸러 낸다. 바로 그 순간, 우리는 우리 자신을 바라보는 관객이 된다. "개개의 셀피는 다른 사람들이 봐주기를 바라는 개인의 연기다."[3] 형체 없는

---

2. Ibid.

3. Nicholas Mirzoeff, *How to See the World: An Introduction to Images, from Self- Portraits to Selfies, Maps to Movies, and More* (New York:

덩어리인 우리는 다른 사람들이 좋아하며 환호할 만한 정체성을 만들고 이를 영사하려고 애쓴다.

항상 카메라가 준비되어 있는 문화는 우리를 변화시켰다. 1920년까지만 해도 카메라를 위해 일부러 미소를 짓는 것을 적절하다고 생각한 사람은 아무도 없었다. 오늘날 우리는 언제라도 사진을 찍을 준비를 해야 한다. 다시 말해, 카메라를 위해 인위적으로 연출된 연기 자세를 취할 준비를 갖추어야 한다. 이미지가 전부다. 소셜 미디어는 자아에 대한 스펙터클을 만들어 내는 현장이다. 카메라 앞에서 우리가 선택한 정체성을 연기할 때 "컴퓨터 그래픽 이미지(CGI)"의 마법이 우리의 손안에 놓여 있다는 것을 발견한다. 우리의 디지털 자아는 끝없는 필터들과 렌즈들과 비트모지bitmoji들을 통해 마음대로 편집될 수 있다. 이렇게 자아를 마음대로 스스로 조각할 수 있는 권능은 인류 역사상 그 어떤 세대에도 주어진 적이 없다.

나는 이미 스마트폰이 어떻게 우리의 자아 인식을 형성

Basic, 2016), 62.

하고 변형시키는지에 대한 한 권의 책을 쓴 바 있다. 따라서 여기에서는 소셜 미디어 스펙터클에 대해 장황하게 언급할 생각이 없다.[4] 이 책에서 생각해볼 핵심은 자기 조각과 자기 영사 행위를 통해 우리 스스로 주조한 스타가 될 수 있게 하는 소셜 미디어의 특성이 그것을 저항할 수 없는 스펙터클로 만든다는 것이다. 이런 문화 쉬프트로 인해 우리는 "존재하는 것being"으로부터 "외적으로 보이는 것appearing"으로 바뀌었다. 우리가 스스로 만든 이미지, 곧 디지털 세계에서의 우리의 외적 모습이 우리의 전부가 되었다.

우리는 디지털에 심하게 중독된 상태로 스타인 동시에 관객으로서 존재한다. 소셜 미디어가 "그런 이중적 측면이 지닌 힘, 곧 실제 현실은 물론이고 다른 어떤 미디어 사용도 능히 겨룰 수 없는 상호 유착성의 힘을 여실히 보여준다."[5]

아마도 소셜 미디어와 겨룰 수 있는 것이 있다면 비디오 게임 정도일 것이다.

---

4. Tony Reinke, *12 Ways Your Phone Is Changing You* (Wheaton, IL: Crossway, 2017)를 보라.

5. de Zengotita, "We Love Screens, Not Glass."

§6 비디오 게임을 통한 자아의 스펙터클

토머스 드 젠고티타가 지적한 대로, 비디오 게임도 우리가 관객이자 스타의 이중적 역할을 하게 하지만 거기에서는 그 두 가지 역할이 실시간적으로 통합된다는 차이가 있다. "경험 많은 게이머는 콘솔을 다루는 기술이 탁월하다. 그는 자신의 물리적인 상황을 의식하지 않는다. 그는 어떤 버튼을 누를지 생각하지 않고 기계적으로 방향을 바꾸고, 쏘고, 점프한다. 그는 화상 속의 인물이 된다. 좀비 떼를 향해 거대한 개틀링 기관총을 휘두르며 난사하는 동안, 14살 소년의 때 묻은 작은 엄지손가락과 그의 아바타의 거대한 이두박근 사이에는 그 어떤 거리감도 존재하지 않는다. 그는 말 그대로 '1인칭 슈터'다."[1]

젠고티타의 어조는 지나치게 경멸적인 느낌을 주지만 그가 말하려는 요점은 너무 중요해서 무시하기 어렵다. 그가 심리적인 효과에 대해 언급한 내용은 특히 더 그렇다.

---

1. Thomas de Zengotita, "We Love Screens, Not Glass," theatlantic.com, March 12, 2014.

그는 "게이머는 1인칭 슈터로서 직접 연기하고, 동시에 그것을 지켜본다."고 말하고 나서 "관객과 스타라는 두 종류의 중심성의 능력과 쾌락이 융합되었다. 미개척 상태였던 뇌신경 연결의 잠재력이 실현되고, 역사적으로 전례가 없는 인간 욕구 충족이 이루어진다. 그런 게임이 중독성을 지니는 것은 지극히 당연하다."라고 덧붙였다.[2] 그렇다. 가상현실의 혁명이 일어나고 있는 오늘날, 넓은 세상을 배경으로 하는 1인칭 슈팅 게임은 더욱 중독적인 효력을 발휘하며 전에는 엘리트 운동선수만이 누릴 수 있었던 희열을 제공한다.[3]

스마트폰에서 이루어지는 소셜 미디어도 시간은 약간 엇갈리지만 관객이자 스타라는 두 가지 역할 사이에서 춤추도록 우리를 유혹하는 중독적 성질은 동일하다. "당신은

---

2. Ibid.
3. 한 미국 프로농구 선수에게, 2년 전에 전미 대학 체육협회가 주최한 대학 농구 경기에서 팀의 주전으로 우승을 차지했을 때 느꼈던 희열과 최근에 포트나이트(99명의 경쟁자를 상태로 벌이는 비디오 생존 게임)에서 승리했을 때 느꼈던 희열 가운데 어느 쪽이 더 강렬했는지 말해보라고 묻자, 그는 몹시 고민스러운 듯 선뜻 대답하지 못했다.

(소셜 미디어를 통해서도) 행위자와 관찰자가 하나로 융합된 새로운 존재의 지평 위에서 당신 자신을 상대하고 당신의 세계를 상대한다. 그러나 스마트폰은 판돈을 올린다. 도달 또는 인식으로 이루어지는 작은 순간들이 줄을 이어 끝없이 쏟아지기까지 당신 자신과 당신이 화상에서 하는 행위 사이에는 충분한 거리, 곧 충분한 지연 시간이 존재한다. 개개의 프롬프트, 곧 개개의 반응이, 당신과 당신이 생성하기도 하고 숙고하기도 하는 당신의 세상과 당신을 나타내는 것들 사이를 중재한다."[4] 소셜 미디어에서는 잠시 기다리면 피드백을 받고 우리의 모습이 노출된다. 게이머와 같은 즉각적인 만족은 못 얻지만, 그에 버금가는 짜릿함을 느낄 수 있다.

게이밍 스펙터클이든 시간이 약간 지연되는 소셜 미디어이든, 우리가 중심에 서 있다는 것은 다르지 않다. 우리는 스타이자 관객이다. 가장 중독성이 큰 미디어 속에서 우리는 스펙터클이 된다.

---

4. de Zengotita, "We Love Screens, Not Glass."

§7 텔레비전의 스펙터클

《심슨 가족》의 시작 장면은 이제 하나의 문화적 레전드가 되었다. 구름이 갈라지면서 하늘에서 합창 소리가 들리는 가운데, 칠판에 적힌 최근의 잘못된 행위들을 마구 지우는 바트의 모습에 초점이 맞춰진다. 학교가 끝나는 벨이 울리자 바트는 책가방도 책도 없이 쏜살같이 밖으로 달려 나가 스케이트보드에 풀쩍 올라탄다. 그런 다음에는 강한 성취 욕구를 지닌 리사가 방과 후 악단 연습을 하는 모습이 등장한다. 그녀의 색소폰 독주는 너무 지나친 감이 있었고, 강사는 그녀를 가리키며 문밖으로 나가라고 지시한다. 그녀는 자신의 악기와 많은 책을 든 채로 자전거에 올라타고는 서둘러 학교를 빠져나간다. 마을의 핵발전소에서도 사이렌 소리가 일과가 끝났다는 것을 알린다. 그 순간, 호머는 달구어진 카본 코어를 꽉 붙잡고 있는 부젓가락을 아무생각 없이 떨어뜨린다. 그 바람에 카본 코어가 바닥에 부딪혀 튀어 오르면서 그가 밖으로 걸어나갈 때 그의 셔츠 뒷부분에 끼어 들어간다. 운전하는 도중에 불편한 핵연료봉을 발견한 그는 그것을 아무렇지도 않게 차창 밖으로 던져

버린다. 그것은 다시 튀어 보도 위에 떨어지고, 바트는 스케이트보드로 그것을 피해 지나간다. 이번에는 마지와 고무 젖꼭지를 문 어린 매기가 식료품 가게에서 계산을 치르고 나서 황급하게 경적을 울리며 집으로 차를 몰고 가는 모습이 보인다. 그들 가족은 사방에서 집을 향해 경주를 한다. 호머가 가장 먼저 차를 세운다. 그러고 나자 바트가 스케이트보드를 타고 호머의 자동차 지붕 위를 넘어 집에 도착한다. 호머는 차에서 내리면서 화가 잔뜩 난 표정으로 날카롭게 소리친다. 그 순간, 그는 리사의 자전거에 거의 치일 뻔한다. 그는 다시 소리를 꽥 지르며 집안으로 뛰어들어가다가 이번에는 빠르게 달려오는 아내의 차에 치일 뻔한다. 그녀는 신속하게 브레이크를 밟으면서 차고 안에까지 미끄러져 들어간다. 가족들은 일제히 소파 위로 신속하게 뛰어올라 꼭 끼어 앉은 자세로 텔레비전 화면을 응시한다. 텔레비전은 가족들의 눈을 진정시켜주는 것처럼 보인다. 우리는 이 우스꽝스러운 가족과 무익한 일상생활을 비웃을지도 모른다. 한 남자와 한 여자, 학습부진아와 학습과진아, 그리고 걷기 시작한 아기로 구성된 심슨 가족은 모두 미디어에 의해 세뇌를 당한 상태다. 그들은 텔레비전 스펙터클이 주는 안락함을 느끼기 위해 그 앞에 다시 모였다. 그러나 우리는 지금 그들을 보고 있다. 그 화면을 통해 비웃음 받고 있는 것은 우리가 아닐까?

무엇이 심슨 가족을 서로에게 무관심하게 만들었을까? 왜 그들은 서로를 투명인간처럼 취급하는 것일까? 왜 그들은 서로 눈을 맞추지 않는 것일까? 아마도 그것은 우리의 눈이 끊임없이 쏟아지는 비디오 화면에 중독되어 무감각하게 되고, 공허하게 되고, 싫증을 느끼게 되었기 때문일 것이다. 우리는 서로를 무시한다. 서로의 눈을 똑바로 바라보아야 할 때에 무관심한 눈빛을 보낼 때가 많다. 아마도 스펙터클 문화가 우리를 이런 상태로 만들었는지도 모른다. 그것은 "아까운 시간을 하루에 몇 시간씩 그저 화면을 주시하면서 보내도록 유혹했다. 우리는 우리의 관심을 우리의 원자재, 우리의 사회 자본으로 간주하고, 그것을 다른데 뺏기기 싫어한다."[1] 오직 텔레비전만이 우리의 귀중한

---

1. David Foster Wallace, *A Supposedly Fun Thing I'll Never Do Again*

관심을 쏟을 가치가 있다. 따라서 그것에 주어야 할 시선을 다른 사람들에게 돌리지 않는다. 황홀한 마법을 일으키는 화면에 비하면 사람들은 지루할 뿐이다.[2]

텔레비전은 멀리 있는 것들을 우리 눈으로 직접 볼 수 있게 해준다. 존 F. 케네디의 암살 장면을 찍은 비디오를 보면 그 비극적인 사건이 너무나도 가깝게 느껴져 마치 우리가 그 불행의 현장에서 그것을 직접 목격하기라도 한 것처럼 느껴지게 한다.[3] 케네디의 암살 사건, 마틴 루터 킹 목사의 암살 사건, 레이건의 암살 미수 사건, 다이애나비의 죽음, 쌍둥이 빌딩의 붕괴와 같은 사건들을 찍은 비디오를 직접 보면 당시의 상황이 뚜렷하게 생각난다. 9·11테러를 가장 먼저 통보받고 출동한 사람들은 마치 영화 속에 있는 듯

(New York: Back Bay Books, 1998), 64.

2. "눈을 항상 잘 지켜야만 이미지에서 자유로운 눈길로 친구의 얼굴을 바라볼 수 있는 능력을 기를 수 있다. 이것은 싸워야 할 가치가 있는 이상이 되었다. 오직 지속적인 훈련, 곧 나를 쇼로 유인하는 주변의 형상 세계(*Bildwelt, pictorial world*)를 정면으로 거스르는 행위를 통해서만 이 이상을 추구할 수 있다."

3. Thomas de Zengotita, *Mediated: How the Media Shapes Your World and the Way You Live in It* (New York: Bloomsbury, 2005), 6–11.

한 느낌이었다고 말하지만, 텔레비전은 그 영화 같은 재난을 우리 모두의 가까이에 옮겨 놓았다. 비디오를 통해 공간적인 분리가 해체되고, 먼 곳의 사건들이 우리의 거실로 옮겨 온다. 비디오를 통해 모든 사람이 비극적 사건의 목격자가 된다. 그 사건이 너무나도 가깝게 느껴져 마치 현장에 있는 듯한 느낌이 든다. 텔레비전을 통해 전송된 비극적인 사건 앞에서 우리 자신도 간접적 경험의 트라우마를 겪는다.

비디오는 어디에나 존재한다. 와이파이와 연결된 디지털카메라 앞에서 일어나는 사건은 무엇이든 우리에게 중계되어 우리의 시야 속에 들어온다. 아마추어 비디오가 시시각각 공적 플랫폼으로 쏟아진다. 사용자들이 찍은 새로운 비디오, 즉 24,000분을 넘는 길이의 동영상이 1분마다 유튜브에 업로드된다. 이것은 58시간 동안 유튜브에 업로드된 새로운 비디오의 총량이 80년 동안 중단 없이 시청할 수 있는 양이라는 의미다.

제작된 비디오에 관한 우리의 만족을 모르는 욕구가 여러 형태의 스트리밍 플랫폼(훌루, 넷플릭스, 아마존 프라임, 페이스북 비디오, 유튜브 레드를 비롯해 여러 주문형 비디오 플랫폼과 실시간 비디오 스트리밍 플랫폼)을 통해 여실히 드러난다. 이런 플랫폼들은 대부분 외부 제작 비디오를 유치할 뿐 아니라 그 자신을 위한 영상물 제작을 위해 제작비를 댄다.

미국 텔레비전에서 볼 수 있는 TV 시리즈, 곧 대사가 있는 전통적인 방송 프로그램의 숫자가 2009년에는 210개였는데 2016년에는 455개로 급격히 증가했다. 이런 증가 추세는 줄어들 기미가 전혀 보이지 않는다.[4] 머지않아 일년에 500개의 프로그램이 방영될 것으로 보인다. 이 숫자에는 2015년 한 해에만 750개가 상영된 리얼리티 TV 쇼는 포함되지 않았다.[5] 이 시청 목록에 티켓 매출액이 1억 달러를 넘는 영화, 곧 가장 많이 회자되는 영화 30여 편과 매년 출시되는 수백 편의 영화가 첨가된다.

큰 돈벌이가 되는 새로운 스펙터클이 우리의 관심을 사로잡기 위해 서로 경쟁을 벌인다. 이 글을 쓰고 있는 이 가

---

4. Maureen Ryan, "TV Peaks Again in 2016: Could It Hit 500 Shows in 2017?," variety.com., December 21, 2016.

5. Todd VanDerWerff, "750 reality TV shows aired on cable in 2015. Yes, 750," vox.com, January 7, 2016.

을의 주말에도 두 편의 블록버스터 액션 영화, 두 개의 메가 게임 프랜차이즈, 앞서 성공을 거둔 스트리밍 히트 쇼의 두 번째 시즌이 한날에 출시되었다. 큰 돈벌이가 되는 것을 만들어 내는 것이 확고한 기준으로 자리 잡았다. 다시 말해, 다양한 스펙터클이 비슷한 날짜에 등장해 사람들의 눈길을 사로잡기 위해 서로 경쟁을 벌이고, 소비자들이 자신들의 관심을 요구하는 것들 가운데서 무엇을 먼저 선택해야 할지 몰라 하며 트위터를 통해 행복한 고민을 털어놓도록 유도한다.

심지어 뉴스조차도 시간이 흐를수록 더욱 시청자를 몰입하게 만들려고 애쓴다. 대사가 있는 뉴스 시간, 곧 그날의 주요 사건들을 깔끔하게 정리해 하나의 프로그램으로 편집해서 전하는 전통적인 뉴스 시간이 사라지고, 뉴스 속보와 끊임없이 이어지는 CNN의 생방송 뉴스가 등장했고, 지금은 트위터가 대세를 이루고 있다. 요즘에는 어떤 사건이 채 끝나기도 전에 최초의 주장들과 이론들과 목격담과 현장 영상이 신속하게 우리에게 전달된다. 트위터에서는 모든 사람이 사건의 이야기를 종합해 전달하는 기자가 된다.

그러나 우리가 비디오와 스펙터클에 의해 지배되는 문화 속에서 살고 있다는 사실을 장황하게 논의할 필요는 없다. 요점은 갈수록 증가하는 이런 선택의 대상들이 우리를 변화시키고 있다는 것이다. 프라임 타임 드라마, 리얼리티 TV 쇼, 유튜브 채널, 뉴스 속보, 코미디 프로그램, 게임 프랜차이즈, 만화 영화를 비롯해 그 무엇이든, "미디어가 판치는 세상에서는, '현실적인'real의 반대는 가짜도, 허구도, 망상도 아니다. 그것은 '선택적인'optional이다."[6] 우리 주변의 현실 세계가 해체되어 사라지는 이유는 스펙터클이 거짓이거나 가짜이기 때문이 아니라, 우리 스스로 끝없는 스펙터클 선택 목록에 대한 주권적인 지배권을 꽉 붙들고 있기 때문이다. 우리는 모든 것을 통제한다. 우리는 리모컨으로 모든 것을 제어한다. 우리는 다채롭게 늘어선 디지털 선택 목록들에 파묻혀 우리의 구체적인 실존에 형태를 부여하는 모서리를 시야에서 놓친다. 우리는 우리가 통제할 수 없는 것에 대해 점점 더 눈이 멀게 된다.

---

6. de Zengotita, *Mediated*, 14; emphasis added.

텔레비전 시대에 우리의 눈은 마치 전지한 신의 눈처럼 온 세상 여기저기를 훑어보며 손에 들린 스마트폰에서 제공되는 끝없는 선택 목록을 살핀다. 그 어느 때보다 더 쉽게 지구 반대편에서부터 스펙터클이 우리에게 전달된다. 우리는 개인적인 스펙터클을 통제하는 위치에 있으면서도 그것에 더욱 수동적으로 변해 간다. 우리가 선택하지 않으려고 고집을 부리는 것이 있다면 그것은 바로 스펙터클을 거부하는 것이다. 우리의 게으른 눈과 흐리멍덩한 눈길은 스펙터클 제작자들을 통해 만족을 얻고 행복해한다. 우리는 더 이상 새로운 스펙터클을 추구하지 않는다. 가만히 있어도 새로운 스펙터클이 우리를 찾아온다. 그것을 보기 위해서는 손가락을 한 차례 까딱이는 노력 이상의 것이 필요하지 않다. 자동으로 재생되는 비디오 클립들이 재생되었다가 끝나면 다음 비디오 클립으로 저절로 넘어간다. 자동으로 시작되는 다음 에피소드가 계속 이어지면서 넷플릭스 폭식은 계속된다. 우리가 할 일은 아무것도 없다. 그저 식물처럼 가만히 있기만 하면 된다.

우리 가운데 이런 텔레비전 문화가 우리의 관심과 의지

와 정서와 자기 정체성에 미치는 결과를 생각해본 사람은
거의 없다.

§8 상품의 스펙터클

마케팅을 통해 판촉되는 소비재와 비디오 스펙터클의 동시 부상浮上은 우연의 일치가 아니다. 이미지가 우리의 관심을 사로잡고 우리에게 유혹적으로 다가오는 이유는, 그것이 우리에게 다양한 정체성의 외관을 시험해보고, 하나의 상품이 다른 사람들의 눈앞에서 우리의 외모를 어떻게 꾸미는지를 마음속으로 그려보라고 암묵적으로 요구하기 때문이다. 이런 식으로 꾸며진 모습은 화장과 의복으로 치장된 것보다 훨씬 더 깊은 차원을 지닌다. 우리가 사용하는 대다수 소비재의 배후에는 이런 충동이 도사리고 있다.

샤넌 로스는 쇼핑몰에서 물건을 사는 소비자를 예로 들어, 스펙터클과 소비의 상관관계를 묘사했다. "소비자가 쇼핑몰에 들어서는 순간, 그는 자신의 감각을 사로잡을 목적으로 계획된 다채로운 자극물들이 화려하게 펼쳐진 것에 매료된다. 이미지, 음악, 냄새, 상품들이 그 사람 안에 욕망의 소용돌이를 일으킨다. 소비자는 쇼핑몰에 들어서기 전에 무엇을 살까 고민할 필요가 없다. 왜냐하면 모든 것이 그의 욕망을 자극하도록 설계되어 있기 때문이다. 쇼핑몰에는 그것으로 인해 일어나는 욕망을 마음껏 채우는 데 필요한 상품들이 가득 진열되어 있다."[1] 우리는 형체 없는 자기 정체성을 형태를 갖춘 모습으로 빚기 위해 새로운 상품들을 찾는다. 그러나 쇼핑몰 밖으로 나가면, 매혹적인 마법은 곧 사라지기 시작하고, 옷장은 칙칙한 모습으로 되돌아온다(C. S. 루이스의 《사자와 마녀와 옷장》에 빗댄 표현이다―역자 주). 그러면 "그녀는 손에 지갑을 들고 다시 쇼핑몰로 향하고, 무장 해제의 과정이 새롭게 시작된다." 스펙터클은 같은 문화 속에서 살아가는 다른 사람들이 우리를 알아보고 인정해줄 이미지를 우리에게 제공하겠다고 약속한다. 단, 우리가 올바른 상품을 구입해야 한다는 조건을 부과한다. "소비자는 그의 구매력을 통해 물질세계를 초월하는 초월적 존재가 된 것 같은 경험을 할 수 있다."는 약속이다. 그러나 우리는 현실과 마주하는 순간, 우리의 인간성과 타락한 본성과 쾌락 추구의 허무함을 느낀다. 우리의 공허한 마

---

1. 이 단락의 모든 인용문은 Chanon Ross, *Gifts Glittering and Poisoned: Spectacle, Empire, and Metaphysics* (Eugene, OR: Cascade, 2014), 89–91에서 가져왔다.

음에서 묵직한 통증이 느껴지면, 우리는 다시 쇼핑몰로 발길을 돌려 더 많은 상품을 구입하려는 유혹을 받는다. 그러나 우리의 관심을 끌려면 "항상 더 큰 스펙터클을 만들어내야 한다." "이미지는 더 생생해야 하고 폭력은 더 격렬해야 하며 리얼리티 TV 쇼는 더 노골적이어야 하고 정치 캠페인은 더 극적이어야 한다." 우리는 무장을 해체시키는 스펙터클의 시대에 늘 이리저리 방황하는 성향이 있는 우리의 눈길을 다시 사로잡아줄, 좀 더 새롭고 좀 더 노골적인 스펙터클을 찾아야 한다.[21]

광고업자들의 스펙터클도 쇼핑몰처럼 사람들 안에 전에

---

2. 데이비드 포스트 월리스가 말한 대로, 리얼리티 TV 쇼의 시청률을 뒷받침하는 것은 "수치심을 모르는 태도"다. 참가자와 제작자들이 갈수록 더 이상한 일을 기꺼이 시도한다. 수치심을 모르게 된 세상에서는 논란이 되는 쇼가 비웃음을 사든 비난을 받든 아무런 상관이 없다. 그 이유는 "시청자들이 참으로 저급한 내용이라고 말하거나 비웃으면서도 여전히 그 방송을 보고 있기 때문이다. 중요한 것은 사람들이 그것을 보게 만드는 것이다. 그것으로 모든 것이 보상된다. 일단 수치심이라는 제어장치가 풀리면 우리가 어디까지 변할 수 있는지는 시간문제일 뿐이다." Stephen J. Burn, ed., *Conversations with David Foster Wallace*, Literary Conversations (Jackson, MS: University Press of Mississippi, 2012), 132. 사람들은 여전히 자신이 비웃고 경멸하는 것을 보기 위해 채널을 맞춘다. 이것이 더욱 터무니없는 내용을 다루는 리얼리티 TV 쇼가 만들어지는 이유다.

없던 새로운 욕망을 일깨워, 특정 상품을 소유하지 못했기에 그런 욕구를 느끼는 것이라고 생각하게 유도하려고 한다. 광고 스펙터클은 "상품을 광고하는 것만큼이나 소비하는 삶을 권장하는 데 공을 들인다."[3] 광고 스펙터클은 우리 안에 새로운 욕구를 불러일으키며, 광고하는 상품을 통해서만 그 욕구가 해결될 수 있을 것처럼 선전한다. 광고업자의 주된 기능은 "욕망을 일깨우는 것, 갈증을 해결하는 것이 아닌 조장하는 것, 무엇인가 분명히 존재하는 것을 눈앞에 제시하고 나서 다시 그것을 빼앗아감으로써 결핍감과 욕망을 불러일으키는 것"에 있다.[4] 광고업자의 목적은 "구매 행위를 통해 가라앉힐 수 있는 불안정 상태를 조장하는 것"이다.[5] 스펙터클은 우리의 눈앞에 욕망의 대상을 제시해, 그 물건이나 경험을 통해 만족을 추구하려는 새로

---

3. Christopher Lasch, *The Culture of Narcissism: American Life in an Age of Diminishing Expectations* (New York: Norton, 1991), 72.

4. W. J. T. Mitchell, *What Do Pictures Want?: The Lives and Loves of Images* (Chicago: University of Chicago Press, 2005), 80.

5. David Foster Wallace, *Infinite Jest* (New York: Back Bay Books, 2006), 414.

운 갈망을 불러일으키고, 그것을 신속하게 잡아채 감으로써, 그 물건이나 경험을 구입해야만 해결될 새로운 갈증과 욕망을 일으킨다.

광고 스펙터클은 우리 안에 강력한 습관을 구축한다. 그것은 우리를 잠시도 가만히 있지 못하고 쇼핑몰을 다시 방문해서 우리의 삶과 환경을 바꿀 힘을 갈망하는 소비자로 만든다. 그것은 자치적인 자아autonomous self(모든 것을 자기 뜻대로 결정하는 자아—편집주)를 향해 빛나는 외골격을 지닌 새 정체성을 약속한다. 이것은 새로운 상품이 우리를 완전하게 해주고, 우리에게 세상 속의 형체를 부여함으로써, 우리가 다른 사람들의 눈에 그렇게 비치기 원하는 정체성을 얻는 것을 의미한다. 결국, 우리는 자아를 소모하는 소비자, 곧 아마존 쇼핑 목록에 새로운 물건을 더함으로써 새로운 형태와 형체를 부여받는 자치적인 구매자로 전락한다.

소비재는 오랫동안 "텔레비전에서 본 대로!"라는 문구의 스티커 인증마크에 의해 제품의 신뢰성을 인증받았다. 시각적인 스펙터클이 소비재를 실체화시키며, 이것은 지금도 마찬가지다. 광고는 사람들이 그것을 더 많이 볼수록 더 큰 효과를 발휘한다. 이것이 우리가 같은 광고를 반복하고 반복하고 또 반복해서 보게 되는 이유다. 광고는 단지 많은 눈에 도달하기 때문에 강력한 힘을 갖는 것이 아니고, 그것 자체가 문화에 영향을 미쳐서 결국 상품을 바라보는 우리의 시각까지 결정하기 때문에 강력한 힘을 갖는다. 이것이 곧 "문화적 각인cultural imprinting"이라고 불리는 현상이다. 신학자 앨러스테어 로버츠는 이렇게 말했다. "광고업자가 힘을 갖는 이유는 매스 스펙터클mass spectacle(많은 사람에게 대량으로 전달되는 스펙터클—편집주) 관련 상품은 특별한 의미를 지니는 것으로 공적으로 받아들여지기 때문이다. 광고를 개인적으로 보는 것과 슈퍼볼 중계와 함께 집단적으로 보는 것은 그 효과가 천양지차다. 후자의 경우에는 모든 사람이 동일한 이미지를 본다. 그 광고는 대중의 의식에 깊은 인상을 남기며, 서로서로 이미지를 적극적으로 공유하는 문화에 먹잇감을 던져주게 된다."[6] 모든 광고는 우리 안에 새로운

---

6. Alastair Roberts, 2018년 3월 10일자 개인 이메일. 허락을 받고 공유함. 또한 Kevin Simler, "Ads Don't Work That Way," meltingasphalt.com, September 18, 2014을 보라.

욕구를 불러일으키려고 시도하지만, 가장 눈에 띄는 광고들이 특정 상품을 각인시킨다. 그 결과, 그 상품이 우리 모두에게 보편적으로 의미 있게 느껴지게 된다. 그러면 내가 이 마케팅되는 상품을 구매하면, 문화 전체가 나를 바라보는 시각이 어떤 특정한 방식으로 형성될 것이라고 예상할 수 있게 된다.

스펙터클의 시대와 소비재의 시대는 이런 식으로 자연스레 융합된다. 간단히 말해, 한 신학자가 말한 대로 우리 시대는 "놀라우리만큼 강렬하고 눈부신 현실이요, 심심풀이에 불과한 사소한 것들과 끔찍하게 잔혹한 것들이 현란하게 얽혀 있는 혼돈이요, 대중 매체가 어디에나 있고 방해가 끊임없이 일어나는 세계요, 인위적인 느낌과 욕구가 폭풍우처럼 쉬지 않고 몰아치는 곳이요, 획득해서 소비하라는 유일한 공통 주제 아래 수많은 스펙터클이 끝없이 펼쳐지는 곳이다."[7] 스펙터클 시대의 배후에는 소비의 시대가

---

7. David Bentley Hart, *The Experience of God: Being, Consciousness, Bliss* (New Haven, CT: Yale University Press, 2014), 329.

존재한다. 우리는 우리의 감각적 욕구를 자극하는 여러 스펙터클들과 문화적 각인의 효과로 인해, 눈에 보이는 세상에 대해서는 계속해서 새로운 욕구를 느끼지만, 눈에 보이지 않는 세상에 대해서는 아무런 흥미도 느끼지 못한다. 이것은 아무렇게나 제멋대로 일어나는 과정이 아니다. 우리의 욕구와 갈망이 세상의 스펙터클에 의해 길들여지고 있다. 그리고 그렇게 길들여진 욕구는 최신 상품과 멋진 휴가와 최신 소비 테크놀로지를 추구하도록 부추기는 산업을 통해 충족될 수 있다.

스펙터클은 우리에게 우리의 자아상, 시간, 분노, 관심, 마음, 지갑은 물론 우리의 투표권까지 요구한다.

§9 정치의 스펙터클

2016년 11월 8일, 선거 당일 밤에 힐러리 클린턴은 미국 역사상 최초의 여성 대통령이 될 준비를 했다. 대다수 여론 조사 결과가 그런 역사적인 순간을 확실하게 보장했다. 선거 이틀 전, 〈로스앤젤레스 타임스〉는 "우리의 최종적인 조사에 따르면 힐러리 클린턴이 352개 선거인단의 표를 얻어 당선될 것이다."라고 자신 있게 공언했다.[1] 일방적인 승리가 확실시되었다.

클린턴은 자신의 전례 없는 승리를 축하하기 위한 장소로 뉴욕 재비츠 컨벤션 센터 안의 '크리스털팰리스'를 선택했다. 그곳은 크리스털 천장과 거대한 유리로 만들어진 멋진 장소로서 클린턴의 당선 연설의 의의를 비유적으로 묘사하는(곧 남성들이 지배하는 정치계의 유리 천장을 뚫고 모든 여성을 위한 승리를 거두었다는 사실을 알리는) 웅장한 스펙터클을 연출할 수 있는 곳이었다. 클린턴의 흰색 셔츠가 잘 다려진 상태로 준

---

1. David Lauter and Mark Z. Barabak, "Our Final Map has Clinton Winning with 352 Electoral Votes," latimes.com, November 6, 2016.

비되었다. 그것은 이전 세기의 여성 참정권자들의 노력을 기리기 위한 색깔이었다(그녀는 나중에 "우리는 상징주의를 완벽하게 추구했다."고 말했다).[2] 거대한 화면들에는 가장 최근의 득표수가 속속 게재되었고, 유명 인사들과 얼굴에 페인트를 칠한 지지자들과 열성적인 기부자들은 임박한 승리의 짜릿함을 느끼며 유리 성채를 천천히 거닐었다. 무대가 세워졌고, 불들이 환하게 켜졌으며, 연단이 준비되었다. 그러나 저녁 시간이 흘러가면서 클린턴이 선두를 빼앗기는 현상이 나타났다. 오후 8시 15분에는 클린턴이 플로리다주에서 선두를 달렸지만, 오후 11시가 되자 플로리다주를 잃고 말았다. 오후 10시 30분에는 오하이오주를 잃었고, 자정에는 아이오와주를 잃었으며, 새벽 1시 35분에는 펜실베이니아주를 잃었다. 새벽 2시 30분이 되자 상황은 끝나고 말았다. 그녀는 전화기를 집어 들고, 상대 후보의 승리를 축하했다. 잘 다려진 흰색 셔츠는 빛을 보지도 못하게 되었다. 현장에 있

---

2. Hillary Rodham Clinton, *What Happened* (New York: Simon & Schuster, 2017), 18.

던 한 신문 기자는 당시의 경험을 천장이 바람에 날아가는 것을 지켜보는 것에 비유하는 대신에, 타이타닉호(밑바닥이 파손된 거대하고 웅장한 스펙터클)의 탑승객이 된 것에 비유했다.[3]

2008년에 있었던 대통령 선거가 정치적 스펙터클 메이킹의 절정이었다고 과장해서 말하는 사람들이 있지만, 그것은 2016년 선거와 현대적 스펙터클 메이킹의 대가인 도널드 트럼프에 비하면 한갓 서론에 지나지 않았다. 물론, 트럼프의 인격이나 그의 정치적 야심이나 그의 사업적 성공이나 많은 수의 미국인이 공감하는 그의 메시지가 아무런 실체가 없었다고 말할 의도는 전혀 없다. 그에게 동의하든 동의하지 않든, 정치적 엘리트가 아닌 정치적 신참자로서 대중 매체를 활용해 군중의 관심을 사로잡는 능란한 기술을 선보인 그의 기량은 고려할 만한 가치가 충분하다.

대다수 후보자가 광고 시간을 이용해 자신을 알리는 편집된 스펙터클을 보여주려고 수백만 달러를 모금해 방송

---

3. Nathan Heller, "A Dark Night at the Javits Center," newyorker.com, November 9, 2016.

시간을 사려고 애쓰는 동안, 트럼프는 대본 없는 즉석연설을 통해 기자들이 자발적으로 카메라를 들이대게 만듦으로써 수십억 달러의 가치를 지닌 공짜 중계방송의 혜택을 누렸다.[4] 다른 대통령 후보자들은 방송 시간의 광고 시간대를 돈 주고 샀지만, 트럼프는 방송 시간을 통째로 소유한 셈이었다. 개표가 끝날 무렵, 선거 중계방송에서는 트럼프의 이름이 클린턴의 이름보다 세 배나 더 자주 언급되었다.[5]

트럼프가 "미국을 다시 위대하게 만들자!"라는 선거 캠페인을 벌일 때, 그가 반드시 이겨야 할 주요 주 가운데 하나인 펜실베이니아주의 해리스버그에는 수만 명의 지지자들이 그를 보기 위해 몰려들었다(그는 결국 펜실베이니아주에서 승리했다). 그는 연단에서 대담하게 이렇게 말했다. "요즘 제 아내는 항상 '여보, 좀 더 대통령다워지세요'라고 말합니

---

4. Nicholas Confessore and Karen Yourish, "$2 Billion Worth of Free Media for Donald Trump," nytimes.com, March 15, 2016.

5. According to "Presidential Campaign 2016: Candidate Television Tracker," television.gdeltproject.org, n.d.

다. 나는 내가 그런 것을 원하는지 아직 잘 모르겠어요. 우리는 잠시 거칠어야 할 필요가 있습니다. 언젠가 내가 대통령다워진다면 여러분은 몹시 지루해할 것입니다. 내가 대통령다운 사람이 되어 나타난다면 10,000명이 아닌 약 150명 정도만 나를 지지하면서 '이봐, 그가 정말 대통령다워 보이는군.'이라고 말할 겁니다."[6]

　도널드 트럼프는 자기가 무엇을 하고 있는지 잘 알았다. 그의 측근은 그 전략을 "두 도널드 이론"으로 일컬었다. 그것은 트럼프가 무대 위에서는 거친 말투와 공개적인 스펙터클을 연출함으로써 무관심한 유권자들을 흔들어 깨우다가, 당선되고 나서는 곧 태도를 바꿔 대통령에 걸맞는 품위를 갖출 것이라는 이론이었다. 결국, 트럼프가 백악관 대통령 집무실에서도 선거 운동 당시의 트럼프와 똑같이 행동할까봐 우려했던 보수주의자들은, 때가 되면 전환점이 생기고 결국에는 두 번째 트럼프가 승리할 것이라고 다시 확

---

6. Donald Trump, rally in Harrisburg, Pennsylvania, April 21, 2016.

신할 수 있었다.[7]

그런 변화가 실제로 일어났는지 아닌지는 독자의 판단에 맡기고 싶다. 내가 여기에서 말하려는 요점은 도널드 트럼프가 대통령이 되기 위해 스펙터클을 만들어 내는 자신의 마법을 어떻게 의도적이고 전략적으로 신뢰했는지를 밝히는 것이다. 첫 번째 단계는 황금 시간대에 생방송 무대를 장악하는 것이었다. 그는 간결하고도 퉁명스러운 말투로 사람들의 관심을 사로잡았다. 그런 그와 겨룰 수 있는 후보는 아무도 없었다. 모든 것이 엉성하고 품위 없게 보였다면, 그것은 스펙터클 대가의 혼란스러운 천재성의 발로였을 뿐이다. 트럼프는 대통령다운 품위는 너무나도 작은 용광로와 같아서 미디어 시대에 대중의 표를 끌어모으는 데 필요한 힘을 발휘하기에는 턱없이 부족하다는 사실을 잘 알고 있었다. 비디오가 미국 문화의 주된 요소가 된 이래로 TV로 중계되는 후보들의 이미지는 항상 정치적 모멘

---

7. Josh Voorhees, "Team Trump Embraces the Theory of Two Donalds," slate.com, April 22, 2016.

텀의 핵심 요소로 입증되었었다. 하지만 사람들은 카메라가 계속 돌아가게 만드는 기술로 정치적 스펙터클의 새 시대를 연 트럼프 앞에서 속수무책일 수밖에 없었다.

트럼프는 구호를 연발함으로써, 즉 간단한 문구나 표어나 정적들을 비난하는 인상적인 표현을 반복함으로써, 대중의 반응을 불러일으킨다. 그의 언어는 퉁명스럽고 그의 문장은 간결하며 그의 표어는 자유롭고 자연스럽게 흘러나온다. 그는 상호 간 전파성이 강한 트윗viral tweet의 대가다. 그는 "끊임없이 짜증을 내는 듯한, 즉 상황이 이래서는 안 된다며 격앙된 듯한 인상을 주면서도, 어쩐 일인지 명랑하고 싹싹한 듯이 느껴진다." 이것이 뛰어난 텔레비전 연출법을 만들어 낸다.[8]

트럼프에게는 텔레비전이 왕이다. 소문에 의하면 트럼프가 대통령직에 오른 초기에 그의 참모들조차도 그가 거의 아무것도 읽지 않는 것을 보고 크게 놀랐다고 한다. 어

---

8. Barton Swaim, "How Donald Trump's Language Works for Him," washingtonpost.com, September 15, 2015.

떤 사람들은 "트럼프는 아무것도 읽지 않아요. 그는 심지어 대충 훑어보지도 않습니다. 그것이 인쇄된 것이면 차라리 없는 편이 나을 것입니다."라고 말한다. 왜 그럴까? 백악관 참모들은 그가 일종의 난독증을 앓고 있는 것은 아닌지, 또는 글을 잘 읽을 줄 모르는 것인지 의아해하며 논쟁을 벌였다. "그가 읽지 않는 이유는 그럴 필요가 없기 때문이고, 사실 그것이 대중 영합주의자인 그의 주요한 속성 가운데 하나라고 생각하는 사람들도 있다. 그는 활자 문화 이후 시대, 곧 완전한 텔레비전 시대에 최적화된 사람이다."[9]

2016년에 도널드 트럼프를 사랑했든지 그를 용납했든지 아니면 그를 경멸했든지에 상관없이 도널드 트럼프의 스펙터클이 모두를 휩쓸었다. 그는 비디오를 지배했고 자신의 텔레비전 에너지를 정치적 추진력으로 삼았다. 어느

9. Michael Wolff, *Fire and Fury: Inside the Trump White House* (New York: Henry Holt, 2018), n.p. 이 책은 그 사실성이 의심스러운 책이다. 하지만 인용된 요지는 더 명망있는 뉴스 출처들에 의해 확증된 것이다. Carol D. Leonnig, Shane Harris, and Greg Jaffe, "Breaking with Tradition, Trump Skips President's Written Intelligence Report and Relies on Oral Briefings," washingtonpost.com, February 9, 2018을 보라.

보고서는 이렇게 전한다. "이전부터 존재해 온 독특한 형태의 과도한 상징적 행위들(예를 들면, 리얼리티 TV 쇼, 미인 선발 대회, 레슬링 경기)을 하나로 결집시켜 세상에서 가장 강력한 직위인 미국 대통령 입후보자가 되는 데 쏟아부은 그의 능력은 그야말로 끝없는 스펙터클이 아닐 수 없다."[10] 여기에 대응해 반대의 목소리를 높이며 집회를 벌일 수도 있겠지만 그래 봤자 불길만 더 키워 더 많은 카메라가 동원되는 결과를 낳기 쉽다.

트럼프가 당선된 후에 미국 경제는 생기를 되찾고, 그의 임기 첫해 동안 다우존스 지수가 몇 차례나 새로운 기록을 갈아치웠다. 같은 기간에 참모진 재편성을 둘러싸고 벌어진 끝없는 드라마는 "역사상 가장 흥미진진한 리얼리티 쇼"로 일컬어진다.[11] 트럼프의 대통령직이 궁극적으로 어떤 결과를 낳게 되든지 간에(즉 그가 미국의 필요한 변화를 대변

---

10. Kira Hall, Donna M. Goldstein, Matthew Bruce Ingram, "The Hands of Donald Trump: Entertainment, Gesture, Spectacle," *Hau: Journal of Ethnographic Theory* 6 (2): 92.

11. Chris Cillizza, "Donald Trump Is Producing the Greatest Reality Show Ever," cnn.com, March 6, 2018.

한 것으로 드러날지, 아니면 결코 되풀이해서는 안 될 문화적 재난으로 판명될 지에 상관없이), 한 가지 앞으로도 지속될 변화가 이루어진 것이 있다면 그것은 새롭게 발견된 스펙터클의 정치적인 힘일 것이다. 정치적 스펙터클의 불꽃놀이가 정치적 모멘텀을 일으키는 새로운 '파이로테크닉pyrotechnics'으로 자리잡았다. 이제는 대통령직마저도 유명 인사 계층, 곧 스펙터클의 대가들에게 가장 적합한 것이 되어버린 듯하다.

§10 테러의 스펙터클

들리는 말에 의하면, 2013년 여름에 내전이 발발하자 시리아 대통령 바샤르 알아사드는 반란군에게 화학 무기를 발사했다고 한다. 그 공격으로 시리아 구타 지역에서 1,800명의 남녀와 어린아이들이 사망했다고 전해진다.

유엔은 이 대량 학살 사건을 조사했고, 그 공격이 시리아 내부로부터 이루어진 것을 확인했다. "상당한 양의" 군사용 사린 가스가 "민간인 거주 지역을 목표로 한 계획된 무차별 공격에 사용되어 대량의 사상자를 양산한" 것으로 드러났다.[1] 그 공격의 몇 안 되는 생존자 가운데 하나인 한 남자는, 사린 가스에 노출되자 호흡 기능이 마비되었을 뿐 아니라 고통을 느낄 때 몸에서 자연스레 터져 나오는 비명조차 지를 수 없었으며, "불칼"로 가슴을 도려내는 듯한 극심한 통증 속에서 숨을 쉬려고 할 때마다 발버둥을 쳐야

---

1. Human Rights Council of the United Nations, "Report of the Independent International Commission of Inquiry on the Syrian Arab Republic," OHCHR.org, February 12, 2014.

했다고 진술했다.[2]

자국민을 그렇게 무참하게 도살한 행위는 국제 사회의 분노와 비난을 불러일으켰다. 보복해야 한다는 여론이 비등했다. 미국은 반격을 가할 준비를 했다. 학살이 있은 지 며칠 후에 거물 사업가인 도널드 트럼프는 트위터를 이용해 오바마 대통령에게 "시리아를 공격한들 빚만 더 늘고 갈등만 장기화될 뿐, 달리 무엇을 더 얻을 수 있을까요?"라고 말했다.[3] 국제적인 합의가 이루어지지 않았기 때문에 오바마는 군사적인 보복을 보류했다.

그로부터 1,300일이 지난 후, 아사드는 북쪽으로 150마일 떨어진 곳에서 또다시 만행을 저질렀다. 이번의 목표는 시리아의 칸 세이쿤 지역이었다. 이번에는 공중에서 사린가스를 투하해 74명의 민간인을 죽였다.[4] 그 사건이 있고

2. Ryan Gorman, "Syrian Sarin Attack Survivor Describes the Feeling of 'a Knife Made of Fire,'" businessinsider.com, April 20, 2015.

3. Donald J. Trump, twitter.com, August 29, 2013.

4. 아사드는 재빨리 텔레비전 인터뷰에 나서서 자신은 이 일과 아무런 관련이 없다고 부인했다. 그는 자신에게는 그런 가스 공격을 감행할 수단이나 능력이나 이유가 없다고 주장했다.

나서 63시간도 채 안 되어, 미국의 새로운 대통령 트럼프는 시리아 공군 기지를 향해 59발의 토마호크 크루즈 미사일을 발사해, 아사드의 전투 비행대 중 하나를 잿더미로 만들었다.

2017년에 74명의 죽음에 대해서는 매파적인 강력한 반응을 보인 트럼프가 왜 2013년에 죽은 1,800명에 대해서는 평화주의적인 반응을 나타냈을까? 간단히 말하면, 생생한 사진들 때문이었다. 최근의 사건은 어린아이들의 모습을 찍은 사진들에 의해 이전의 사건보다 더욱 생생하게 묘사되었다. 놀람과 두려움과 혼란을 느끼며 고통스럽게 질식사한 흔적이 역력한 죽은 어린아이들의 얼굴을 촬영한 끔찍한 사진들과 비디오가 신속하게 전 세계에 퍼졌다.

군 당국은 증거를 수집해 2017년 4월의 공격에 대해 트럼프에게 보고했다. "영상은 끔찍했다. 남자와 여자들이 숨을 쉬기 위해 몸부림쳤고, 어린아이들은 고통스러워하며 입에서 거품을 토해냈으며, 숨이 끊긴 갓난아이들이 땅에 널브러져 있었다." 보고가 끝나자 대통령은 즉시 "자기 팀에게 대책을 강구하게 했다." 그 영상들을 머릿속에서 지우기가 어려웠다. 그는 자기 일을 하려고 애썼지만 "그의 보좌관들이 증언한 대로 시리아의 영상들이 그를 무겁게 짓눌렀고, 특히 자신의 손자들과 나이가 비슷한 갓난아이들의 모습 때문에 매우 힘들어했다."[5] 그가 본 영상들, 곧 "일반 대중이 본 영상보다 훨씬 더 생생한" 영상들이 결정적인 영향을 미쳤다.[6] 그는 보복하지 않을 수 없었고, 결국 그것을 행동으로 옮겼다.

시리아의 두 번째 공격에 대한 트럼프의 신속한 대응은 무력 행위에 관한 시각적인 스펙터클에 관해 세 가지 중요한 교훈을 일깨운다.

첫째, 인간을 상대로 자행된 불의를 찍은 비디오 영상들은 설명이 필요 없다. 인도 위에 죽어 널브러져 있는 어린 아이들의 사진들은 우리의 눈길을 즉시 사로잡는다. 글의 제목이나 내용은 외국어로 표기되어 있을 수 있지만, 이미

5. Associated Press, "Ghastly Images of Syrian Attack Led to Trump About-Face," April 7, 2017.

6. Michael D. Shear and Michael R. Gordon, "63 Hours: From Chemical Attack to Trump's Strike in Syria," nytimes.com, April 7, 2017.

지에 담긴 메시지는 온 세상에 널리 퍼질 수 있다.

둘째, 이미지는 개인적인 공감대를 형성한다. 거리에 널브러진 어린아이들을 찍은 비디오와 사진은 인간의 마음에 동정심을 불러일으킨다. 이미지가 보도되고 공유되면 그것을 본 모든 사람의 의식 속에 깊이 각인된다. 이미지를 무시하는 것은 쉽지 않다.

셋째, 전과는 달리 휴대전화에 달린 디지털카메라로 전쟁 범죄의 현장을 촬영해 순식간에 온 세상에 퍼뜨릴 수 있다. 디지털 나비가 날개를 퍼덕거리면 한 시간도 채 못되어 지구 반대편에서 분노의 디지털 쓰나미가 격렬하게 일어난다. 그리고 몇 시간이 지나면 집단적인 분노로 인해 전쟁 기계들이 작동될 수 있다.

이미지가 지배하는 시대에는 영상에 포착된 불의한 사건으로 인해 발생하는 집단적인 분노보다 더 쉽게 무기화할 수 있는 것은 없다. 하나의 갈등을 중심으로 사방에서 그런 일이 일어나는 것을 종종 볼 수 있다. 급진적인 테러 집단은 죄수들을 잔인하게 처형하는 장면(총살, 참수, 화형, 익사)을 생생한 선전용 비디오에 담아 고화질 총천연색 비디오를 통해 온 세상에 공개한다. 충격을 받은 세상은 군 고위 간부들과 정치인들이 텔레비전 토크쇼에 출현해 강경 발언을 하는 것으로 그런 이미지에 반응한다.

9·11 사건은 비디오 스펙터클을 전쟁 및 국가 방어의 핵심 요소로 만들었다. 우리는 쌍둥이 빌딩이 무너져 폐허가 되는 광경을 찍은 비디오를 보았다. 한쪽으로 약간 기울어진 민간 항공기가 고층 건물의 측면을 뚫고 사라졌다가 반대편에서 불덩이가 되어 나타났다. 납치된 항공기가 미국의 부를 나타내는 상징물을 정면으로 강타했다. 카메라에 포착되어 끊임없이 되풀이되는 이런 공포의 스펙터클은 온 세상 사람들의 의식 속에 깊이 각인되었다. 만일 그 모든 것의 배후에 있는 테러분자들의 이미지를 볼 수만 있다면, 구체적으로 감지할 수 있는 집단적인 분노가 적을 향해 쏟아질 것이 틀림없다.

"테러와의 전쟁"을 영속화하려면 테러분자들의 이미지를 드러내는 것이 핵심이다. 그 얼굴들의 잔혹함을 드러내고, 오사마 빈 라덴과 같은 사람을 찍은 장면을 찾아내 그를 "적"으로 낙인찍어야 한다. 이런 전략은 화면을 둘로 나

뉘 인간의 관심을 자극하는 것으로 효과를 낼 수 있다. 다시 말해, 왼쪽 화면에는 쌍둥이 빌딩이 무너지는 장면을, 오른쪽 화면에는 가해자들의 모습을 찍은 장면을 공개하는 것이다. 이런 시각적 연출이 중요한 이유는 비디오 장면이 없으면 테러분자들과 그들이 속한 집단이 지구상 어딘가에 보이지 않는 모습으로 모호하게 남을 수밖에 없기 때문이다. 대테러 작전은 종종 비밀리에 진행되지만, 정치인들은 공포를 불러일으키고 우리의 가장 "임박한 위협"을 구체화하기 위해 공개적인 이미지를 사용한다.

전쟁을 시각화한 것을 대할 때는 주의를 기울여야 한다. 나는 "음모 이론conspiracy theory"을 옹호할 생각이 없다. 사실, 음모 이론자들은 종종 웃음거리가 되는 스펙터클을 만들어 내서 실제 사건에 대한 정직한 스펙터클의 힘조차 약화시킬 때가 많다. 이 경우, 9·11 테러의 배후에 빈 라덴이 있었다는 것은 의심의 여지가 없다. 그것은 서방 세력을 대표하는 웅장한 상징물을 공격함으로써 "지구상에서 가장 큰 스펙터클"을 만들어 내기 위한 능란한 시도였다. 그와 그의 동료들은 이 공포를 실천에 옮겨 현대적인 스펙터클 제작의 역사에 유례없는 황폐한 결과를 만들어 냈다. 이미지가 핵심이었던 이유는 빈 라덴이 가능한 한 많은 인명을 살상하기 위해 일을 시작하지 않았기 때문이다. 그는 그럴 필요가 없었다. "그는 쌍둥이 빌딩을 타격했을 때 발생한 희생자의 숫자가 절반만 되어도 만족할 준비가 되어 있었고, 그것이 무너져 내린다면 더 좋을 것이라고 생각했을 뿐이다. 그는 적군의 사상자 숫자를 헤아리는 전쟁을 치르지 않았다. 공포의 메시지를 전하는 것이 그의 목표였다. 중요한 것은 이미지였다."[7]

어디에나 있는 스마트폰 때문에 테러분자들은 주요 도시에서 발생하는 폭력의 스펙터클은 무엇이든 동영상으로 촬영되어 온 세상에 실시간으로 중계될 수 있다는 확신을 갖게 되었다. "유튜브와 트위터 같은 소셜 미디어의 등장으로 모든 시민이 잠재적인 저널리스트가 되었고, 모든 무고한 행인들이 자신의 증언을 전 세계에 퍼져 있는 신경

---

7. Umberto Eco, *Chronicles of a Liquid Society* (Boston: Houghton Mifflin Harcourt, 2017), 113 – 14.

체계에 전달할 수 있는 잠재적인 증인이 되었다."[8] 갈등에 관여된 집단은 어느 쪽이 되었든 모두 다 이것이 무슨 의미인지를 잘 알고 있다. 이미지는 분노를 불러일으킨다. 그리고 그 분노는 무기화되어 결국 정당화 가능한 군사적 대응으로 이어진다.

트럼프 대통령의 미사일 보복이 있은 지 하루가 지난 4월 5일에, 유엔 주재 미국 대사 니키 할리가 유엔 안보리에서 시리아에 대해 말했다. 그녀는 죽은 시리아 어린아이들을 찍은 두 장의 사진을 들어 보였다(그것은 트럼프 대통령의 심기를 뒤흔든 사진들 가운데 일부였다). 두 아이의 어머니인 할리 대사가 사진 기자들 앞에 들어 보인 사진들은 미디어 안에서 바이럴 이미지[viral image](서로 간 공유를 통해 널리 전파되는 이미지—편집주)의 파장을 한 차례 더 일으켰다.

4월 13일에 시리아를 향해 쏟아지는 분노가 방송을 타고 퍼지면서, 미국 군대는 아프가니스탄에 자리잡고 있는

---

8. W. J. T. Mitchell, *Cloning Terror: The War of Images, 9/11 to the Present* (Chicago: University of Chicago Press, 2011), 130.

"ISIS 테러 시설"에 거대한 폭탄을 투하했다. 그것은 역사상 핵폭탄을 제외하고 미국 군대가 사용한 모든 폭탄 중에서 가장 파괴적인 무기인 "GBU-43"(일명 "폭탄의 어머니"를 뜻하는 "모압MOAB"으로 불림)이었다. 보고된 바에 따르면, 한적한 산악 지대의 지하 벙커에서 일하던 36명의 ISIS 요원들이 사망했다고 한다. 미군 당국은 몇 시간 후에 항공기에서 찍은 폭발 장면을 공개했다. 색깔도 없고 소리도 없이 20마일 밖에서도 느낄 수 있는 폭발 범위의 반향만을 보여주는 비디오였다.

다음 날 아침, 텔레비전 토크쇼 〈폭스와 프렌즈〉는 토비 키스의 "조국의 깃발에 예의를 표하라Courtesy of the Red, White and Blue"라는 노래를 배경음악으로 삼아 폭발 장면의 일부를 공개했다. 9·11 테러 이후에 영감을 받아 만든 노랫말이 끝나자, 프로그램 진행자 에인슬리 이어하트는 "동영상은 흑백이지만 그것은 바로 자유의 모습입니다. 그것은 실상 적색, 백색, 청색입니다."라고 덧붙였다.[9]

---

9. "Fox News Hosts Revel in Afghanistan MOAB Drop," axios.com, April 14, 2017.

테러분자들이든 테러 대항자들이든, 선이나 악의 명분을 위해 시각적인 연출을 통해 에너지를 얻기는 마찬가지다. 그들은 서로 스펙터클을 주고받는다. 인구가 밀집된 도심의 거리나 쇼핑몰이나 지하철 정류장에서 자살 테러분자들이 일으키는 대량 학살의 현장을 담은 스펙터클이 비디오 영상에 담겨 몇 시간 동안 끊이지 않고 반복해서 상영된다. 그 영상은 대중의 분노를 결집시켜 전쟁 기계를 가동해 신속하게 대테러 보복을 감행하도록 이끈다. 그리고 대테러 전쟁 기계의 사용 과정을 담은 비디오는 테러분자들에게 새로운 영상을 제공해, 또다시 그들이 원하는 선전선동을 펼쳐 나가도록 자극한다. 양측 모두 사람들의 눈길을 사로잡는 방식으로 자신의 힘을 증대시킨다.

물론, 전쟁이 비디오 시대의 결과인 것은 아니다. 전쟁의 역사는 오래되었다. 그러나 오늘날의 전쟁은 전쟁을 시각적인 스펙터클로 만들어 텔레비전 방송을 통해 반복 방영하여, 적들의 위협을 사람들의 눈앞에 생생하게 드러낼 수 있게 됨으로써, 전쟁은 대중의 공감과 지지를 끌어내어 정당화되고, 증폭되고, 연장되고, 확대된다. 전쟁에 관한 시각

자료는 (베트남 전쟁의 경우처럼) 대중에게 전쟁 기계에 대한 혐오감을 심어줄 수도 있다. 그러나 전쟁에 관한 시각 자료는 전쟁 기계를 통해 강력한 "충격과 외경심"의 스펙터클로 각색되어 텔레비전을 통해 중계된다. 미디어 시대의 전쟁은 단지 한적하게 고립된 지역에서 진행되지 않는다. 오늘날의 전쟁은 모든 곳에 존재하는 극장, 곧 우리의 호주머니 속에 있는 화상 기기에 적합한 형태로 포맷되어 거기서 재생되기 위해 서로 경쟁을 벌이는 갖가지 영상들을 통해 진행된다.

이미지는 반응을 자극하고, 인상을 남긴다. 그러나 이미지는 양면의 가치를 지닌다. 이미지는 논증을 전개하거나 비평적인 해석을 내포하고 있지 않다. 비평은 우리 스스로 해야 한다. 따라서 군사력이나 테러에 의한 유혈 사태에 관한 스펙터클을 볼 때마다 우리 스스로를 향해 '이 이미지가 나에게 원하는 것이 무엇인가? 내가 관심을 기울이면 누가 더 많은 힘을 갖게 되는가?'라고 물어야 한다.

§11 고대의 스펙터클

스펙터클 제작은 현대적인 현상이 아니다. 똑같은 수법이 역사 대대로 이어져 왔다. 고대 그리스와 로마는 모두 전사 문화였다. 둘 다 전사들의 이상적인 신체 상태를 드러내 보이고, 그 부문에 충실한 새로운 전사들을 양산하기 위해 사회적인 축제 스펙터클을 만들어 냈다. 그리스인들은 그런 목적을 이루기 위해 경기장을 건설하고, 그곳에서 올림픽 경기를 비롯해 달리기, 레슬링, 복싱과 같은 지구력을 겨루는 스포츠에 중점을 둔 것으로 유명하다. 로마인들도 검투사 경기, 동물 사냥, 공개 처형 등을 경기장에서 진행한 것으로 널리 알려져 있다. 그리스인들의 경기도 피가 흘렸고 (그들의 복싱 경기는 오늘날의 종합격투기 못지않았다), 절도가 없는 측면도 많았다. 그들은 알몸으로 겨루는 운동선수들을 보고 위안을 얻은 것으로 유명하다. 하지만 로마인들은 가히 가장 위대한 스펙터클 제작자가 아닐 수 없었다. 그들은 검투사 경기를 통해 피에 굶주린 욕망을 마음껏 발산한 것으로 악명이 높다.

로마 세계에는 스펙터클 제작자들과 소비자들이 차고

넘쳤다. 스펙터클은 엄청난 군중 에너지를 폭발시켜 정치적 모멘텀과 군사적 열광주의를 끌어내는 원동력을 제공했다. 군중의 야유가 난무하는 가운데 포로들을 데리고 도시를 행진하는 광경은 흥미진진한 군사적인 볼거리가 아닐 수 없었다. 콜로세움에서 벌어지는 검투사 경기는 대규모 스펙터클을 통해 정치인들과 유권자들을 하나로 결집시켜 일종의 "피드백 루프feedback loop"를 만들어 냈다. 다시 말해, 지방 정부 당국은 열광하는 군중 앞에서 스펙터클을 제작하는 힘을 과시하고, 군중은 거기에 반응해 하나의 거대한 목소리로 찬성이나 반대를 외쳐 경기의 진행 과정에 참여했다. 공적 스펙터클이 로마의 정치인들과 정치 지망생들을 위한 정치적, 사회적 힘이 되었다.[1]

넋을 빼앗는 경기들과 검투사 활극이 로마 사회를 지배했다. 검투사 경기, 극적인 연극, 이국적인 동물 쇼, 신나는 서커스, 군대의 행진, 공개 처형 등, 국가의 삶이 온통 극장

---

1. Chanon Ross, *Gifts Glittering and Poisoned: Spectacle, Empire, and Metaphysics* (Eugene, OR: Cascade, 2014), 8.

과 같은 삶으로 이루어졌다.[2] 권력 쟁탈자들은 대중의 인기를 얻기 위해 허구적인 것을 수단으로 사용했다. 엔터테인먼트, 국정 운영, 종교적 제의, 전쟁, 경제 등, 모든 것이 하나로 융합되어 집단적인 스펙터클의 시대를 만들어 냈고, 그렇게 형성된 사회 구조가 제국의 무게를 지탱해줄 것이라고 기대되었다.

---

2. Richard C. Beacham, *Spectacle Entertainments of Early Imperial Rome* (New Haven, CT: Yale University Press, 1999), 43-44.

§12 매 9초마다

우리의 스펙터클 시대도 로마 시대와 크게 다르지 않지만, 우리의 미디어는 몇 가지 새로운 특징을 발전시켰다.

모스 부호를 만든 새뮤얼 모스는 1844년 봄에 워싱턴에서 볼티모어로 최초의 전신 메시지를 보냈다. 그의 메시지는 "하나님께서 행하신 일이 어찌 그리 크냐"(민 23:23)라는 성경 말씀이었다. 우리는 전신 기술이 일으킨 혁신을 알고 있다. 그것은 자료를 전신으로 바꾸어 문장으로 전하는 새로운 기회를 제공했다. 전보는 사적인 문자 메시지가 되었고, 그것은 다시 공적인 트윗이 되었다. 오늘날, 즉석에서 이루어지는 소셜 미디어를 통해 온갖 추문과 유명 인사 가십이 오가는 폭풍 트윗의 시대가 열렸다.

로마 제국은 대규모 스펙터클을 연출했지만, 오늘날 우리가 경험하는 것은 소규모 스펙터클(빛의 속도로 전 세계에 퍼질 수 있는 단편적인 작은 정보, 간단한 장면, 문구, 이미지)이다. 우리의 미디어 전달 체계가 갈수록 더 빨라지고, 그런 스펙터클이 우리의 호주머니에 들어 있는 손바닥만한 화상 기기에 효과적으로 전달될수록, 더 많은 바이럴 현상들viral phenomena이 점점 더 작은 소규모 스펙터클로 축소된다.

소규모 스펙터클이 널리 사용될 수 있는 이유는 인간의 집중력이 9초라는 작은 시간 단위로 나뉠 수 있기 때문이다. 정확히 측정하기는 쉽지 않지만, 잘 알다시피 인간의 집중력 주기가 줄어들고 있다. 멀티태스킹의 거짓된 약속 탓일 수도 있고 우리 자신의 개인적인 선호 탓일 수도 있다. 집중력을 너무 오랫동안 유지하는 일은 어렵다. 인간의 뇌는 약간의 휴식 시간을 좋아한다. 디지털 미디어 회사는 이런 사실을 잘 알고 있다. 우리는 뭔가 새롭고, 이상하고, 영광스럽고, 우스꽝스럽고, 신기하고, 귀여운 것을 원하는 우리의 입맛에 근사하게 들어맞는 달콤한 "집중력 사탕"의 타겟이다. 아마도 스마트폰을 "열차 사고 등을 보는 것에 대한 집착, 허영심, 우리의 에고^{ego}를 만족시키려는 기본 욕구를 먹잇감으로 삼는 카지노"라고 일컬어도 사실에서 그다지 멀지 않을 것이다.[1] 우리는 소셜 미디어를 통해

1. Craig Mod, Longform Podcast, "289: Craig Mod," longform.org, April 11, 2018.

우리 자신을 부풀리기를 좋아한다. 우리는 디지털상의 추문을 마치 터키쉬 딜라이트(옥수수 전분과 설탕을 주재료로 만들며 단맛이 강한 터키식 당과—편집주) 먹듯 한 조각 한 조각 계속해서 먹는 것을 결코 멈추지 않는다.

테크놀러지 애널리스트인 벤 톰슨은 "모바일은 큰 시장이다. 그것은 기술 산업이나 그 어떤 산업이 지금껏 경험한 것 중에 가장 큰 시장이다."라고 말했다. 그 이유는 무엇일까? "우리는 어떤 구체적인 일을 하고 있을 때를 제외하고는 항상 휴대전화를 사용한다. 우리 삶에서 비어 있는 공간은 어떤 사람이 상상하던 것보다 훨씬 더 크다. 이 비어 있는 시간, 곧 숫자적으로나 가용 시간의 관점으로나 그 어떤 것보다 더 큰 시장 안으로 이 완벽한 생산품이 뛰어들어왔다."[2]

스마트폰의 등장으로 일과 의무를 이행하는 사이사이에 발생하는 우리의 짧은 관심이라는 틈새 시장을 목표로 삼

2. Ben Thompson, "The Facebook Epoch," stratechery.com, September 30, 2015.

는 "관심의 경제학^{attention economy}"이 가능해졌다. 우리의 관심은 일상생활 속에서 발생하는 모든 비어 있는 공간의 침묵의 틈새를 메우기에 충분한 약간의 탄력성을 지니고 있을 수도 있지만, 그래도 그것은 결국에는 여전히 제로섬 게임이다. 특정한 날에 우리가 집중하여 관심을 기울일 수 있는 시간의 양은 한계가 있고, 이제는 우리가 관심을 기울일 수 있는 매분 매초가 타게팅되고 상품화될 수 있다.

전에는 금과 은의 희소성이 금화나 은화에 실질적인 가치를 부여했다. 오늘날에는 인간 관심의 희소성이 "좋아요"나 "영상 보기"나 "공유" 등에 가치를 부여한다. 인간이 관심을 기울이는 시간의 길이가 미디어의 가치를 결정하는 새로운 사회적 화폐가 되었다.[3] 그 이유는 시간이라는 귀한 자산이 우리 모두에게 턱없이 부족하기 때문이다. 마이크로소프트사의 대표인 사티아 나델라는 "우리는 연산 능력이 부족했던 세상에서 그 능력이 거의 무한정에 달하

---

3. Martin Burckhardt and Dirk Höfer, *All and Nothing: A Digital Apocalypse* (Cambridge, MA: MIT Press, 2017), 38.

는 세상으로 옮겨가고 있다. 그리고 그곳에서 인간의 관심은 갈수록 진정으로 부족한 원자재가 되어가고 있다."고 말했다.[4]

다시 말하지만, 인간의 관심은 제로섬 게임이다. 우리는 어느 시간이 되면 모든 화면을 끄고 잠을 자야 한다. 잠은 디지털 스펙터클 제작자들의 적이다(잠은 비디오 스트리밍 서비스를 제공하는 거대 기업 넷플릭스의 주된 경쟁상대다).[5] 우리가 밤늦게까지 쇼를 마음껏 시청하게 만들 수 있다면 오락물 제작사들이 승리하게 된다. 이것이 또 다른 거대 디지털 비디오 기업의 하나인 "훌루"가 안약 제조사 "바이진"사와 손을 맞잡고, 화면에 중독되어 이미 남용되고 있는 우리의 눈 안에 더 많은 비디오를 밤낮없이 쑤셔 넣도록 돕기 위해 양사가 어떻게 협력하고 있는지 보여주는 광고를 제작한 이

---

4. Polly Mosendz, "Microsoft's CEO Sent a 3,187-Word Memo and We Read [I]t So You Don't Have To," theatlantic.com, July 10, 2014.

5. Peter Kafka, "Amazon? HBO? Netflix Thinks Its Real Competitor Is⋯ Sleep," recode.net, April 17, 2017.

유다.[6]

우리의 의식적인 관심은 디지털 눈 사탕의 제작자들에게 희귀한 원자재가 되고 말았다. 대다수 사람의 눈길을 사로잡는 것은 단순히 경찰 추적 장면을 보여주는 온라인 생중계가 아니라 그 장면의 "순간적인 결말," 즉 충돌, 찢어진 타이어, 봉쇄, 총격전과 같은 돌발적인 결말이다. 이렇게 핵심 포인트만을 급하게 보려는 현상이 레이 브래드버리의 소설《화씨 451》안에서 예고되었다(책들은 그 온도에서 불타기 시작한다). 유선 방송과 리모컨을 사용하며 자란 세대가 물러가고, 비디오를 스캔하면서 10초 앞으로 건너뛰어 순식간에 "순간적인 결말"을 찾는 세대가 새롭게 등장했다. 소규모 스펙터클이 급증하는 현상은 처리 속도 증가에 대한 사람들의 요구를 보여준다. 브래드버리의 소설에 등장하는 한 인물은 결론에 빠르게 도달하려는 이런 경향을 이렇게 표현했다. "몬태그, 영화를 더 빠르게 돌려봐. 빠르게, 클릭해, 영화를, 봐, 잘 봐, 지금이야, 손가락으로 가볍게 튕

6. Video, "Hulu + Visine View Better," youtube.com, January 30, 2017.

겨, 여기, 저기, 빠르게, 속도를 올리고, 내려, 안으로 밖으로, 왜, 어떻게, 누가, 무엇을, 어디에서, 그렇지? 아! 쳐! 때려! 세게! 뎅, 쿵, 딱!…정치? 한 단락, 두 문장, 헤드라인! 그러고 나서는 공중으로 모든 것이 사라져! 인간의 생각을 출판업자, 착취자, 방송 진행자들이 손을 마구 내저어 휘젓는 원심분리기에 넣고 빠르게 빙빙 돌려서 시간을 낭비하게 만드는 불필요한 생각을 날려 보내지!"[7]

브래드버리는 이런 현상을 줄곧 지켜보았다. 스펙터클 제작자들의 제작 펌프 위에서, 그리고 소셜 미디어의 커튼 뒤에서, 모든 것이 "순간적인 결말"이라는 한 가지를 위해 만들어지고 시청된다. 스포츠도 4초짜리 영상이 되고, 영화도 5초짜리 "GIF"가 되며, 정치도 6초짜리 트윗이 된다. 토네이도를 쫓는 장면이 극적인 20초짜리 동영상에 담긴다.

무엇보다도 교묘한 것은 끊임없이 깜박거리면서 우리

---

7. Ray Bradbury, *Fahrenheit 451*, 50th anniversary ed. (New York: Simon & Schuster, 2012), 52.

눈에 전달되는 이미지들의 스트리밍이 임의로 제공되는 것이 아니라, 과거에 우리의 관심을 가장 크게 끌었던 것들을 세밀하게 분석해 거기에 적합하게 맞추어 제공된다는 것이다. 즉 알고리즘은 우리가 과거에 봤던 비디오, 구매했던 신발, 좋아했던 장면들, 검색했던 용어들, 즐겼던 프로그램들, 빌려 본 영화들 등, 후회스러운 것들을 포함해 지난날에 우리가 선택했던 모든 디지털 내용에 관한 정보를 전달받은 후 이를 바탕으로 우리의 관심을 사로잡을 만한 스펙터클을 우리에게 제공한다. 우리의 관심은 수많은 조각으로 나누어지고, 우리의 충동적인 욕구에 이끌리며, 우리의 디지털 이력으로 포집되고, 스펙터클 상인들에 의해 이용된다.

§13 육체의 스펙터클

1984년 8월 6일자 〈뉴스위크〉의 표지 제목은 "비디오 혁명"이었다. 그 당시는 동영상 배포와 관련해 거대한 변화가 이루어지던 때였다. 비디오카세트 녹화기VCR를 통해 모든 것이 가능해졌다. 비디오카세트 녹화기 때문에 최초로 블록버스터 영화를 자기 집 거실에서 시청할 수 있게 되었다. VCR은 공테이프를 이용해 생방송 텔레비전 프로그램을 녹화하고 재생하는 일을 가능하게 했다. 가족들은 비디오카메라를 이용해 생생한 색채로 추억의 순간들을 쉽게 포착할 수 있었다. 또한 VCR 플레이어는 포르노 비디오 산업이 평판 나쁜 지역 극장을 탈피해 익명성이 보장된 개인의 사적 공간으로 침투할 수 있는 길을 열어주었다.

비디오 기술이 발전할 때마다 포르노 제작자들의 수익은 급증했다. 포르노가 수익성이 가장 높은 비디오 산업인 이유는 인간의 눈, 곧 인간의 원초적 욕구(단지 누드만이 아니라 음욕의 스펙터클과 몸과 대상에 대한 욕구)를 가장 크게 매료시키는 내용물을 담고 있기 때문이다. 포르노는 권력 놀이 못지않게 강력한 욕정의 놀이를 제공한다. 문화적으로 이보다 더 강력한 스펙터클은 없다.

다윗과 밧세바의 이야기는 여성의 알몸이라는 스펙터클을 훔쳐보는 남성의 권력과 절제되지 않은 욕정의 실체를 적나라하게 보여주는 가장 대표적인 이야기 가운데 하나다.[1] 다윗은 옥상에서 자기가 다스리는 도시를 내려다보는 도중에 목욕 중인 한 여인을 발견했다. 밧세바는 하루의 즐거운 일과 가운데 하나로서 거품 목욕을 즐기며 휴식을 취하는 중이 아니었고, 일반적인 경건한 유대인 여성들처럼 한 달에 한 번씩 돌아오는 목욕을 하는 중이었다. 그것은 생리 주기를 처리하는 데 필요한 의식이었다. 그것은 그녀가 정결 의식이 요구하는 대로 무방비한 자세로 자신의 몸을 닦고 있었다는 뜻이다. 그녀의 목욕은 남편과 다시 성관계를 맺기 위한 준비 작업이었다(그녀의 남편은 당시에 왕을 위해 전쟁터에서 전투를 치르는 중이었다). 그녀가 아무것도 모르는 사이에 다윗은 하나님께 복종하려는 그녀의 개인적인 노력을 자신의 관음적인 욕망 충족의 스펙터클로 변질시켰다. 다

---

1. 삼하 11:1 – 12:23.

른 사람의 육체를 지켜보는 다윗의 음란한 눈길을 비난하는 것은 우리 자신을 몹시 불편하게 만든다. 그러나 이것이 곧 그 이야기의 요점이다.

이런 암세포와 같은 스펙터클, 곧 보이지 않는 남자의 눈에 노출된 여인이 모든 디지털 포르노의 원형이다. 스펙터클을 추구하는 눈앞에 디지털 포르노가 뷔페처럼 끊임없이 펼쳐져 있다. 오늘날 성적 욕망은 확고한 저항의 의지와 초자연적인 능력이 없으면 도저히 끊을 수 없는 중독의 사슬이 되었다. 옥상을 거닐던 그 유명한 왕은 욕정이 가득한 눈을 제멋대로 유혹되도록 방치한 탓에, 여가 시간에 호기심에 이끌려 새로운 포르노를 찾는 보통의 남녀들 가운데 한 사람으로 전락하고 말았다. 웹사이트는 언제라도 디지털을 통해 수천, 수만 개의 육체, 곧 솔로몬이 거느렸던 후궁들의 숫자보다 수십 배나 더 많은 육체를 보여준다.

페미니스트 카밀리 파글리아는 "생물학적으로 시각적인 장치는 남성의 성욕과 훨씬 더 긴밀하게 연관되어 있다."

고 말했다.[2] 욕정이 가득한 남성의 눈은 여성의 육체에 붙들린다. 관능미를 과시하며 성적으로 대상화된 여성의 모습을 담은 스펙터클은 남성의 눈길을 사로잡는 일에 절대로 실패하지 않기 위한 전략이다. 그러나 이 현상은 또한 관계적으로 작용한다. 파글리아는 "여성들은 이 점을 잘 이해하지 못한다."고 경고한다. "여성들은 자신이 모든 종류의 섹시한 옷을 입을 수 있으며, 그것은 치장에 불과하며 그 자체의 메시지를 전달하지 않는다고 생각한다. 그들은 남성들만큼 사물을 시각적으로 보지 못한다." 그녀는 이렇게 요약한다. "여성의 관능성에는 책임이 따른다. 오늘날의 젊은 여성들은 여성 특유의 성적 매력의 힘을 무작정 행사하려고만 할 뿐, 그로 인한 결과는 고려하지 않는다."[3]

그로 인한 결과들에 대해 여기에서 자세히 다루지는 않

2. American Enterprise Institute, "Christina Hoff Sommers and Camille Paglia on the 'Male Gaze,'" June 23, 2016, YouTube.com. See also Slavoj Žižek, "Sign a Contract before Sex? Political Correctness Could Destroy Passion," rt.com, December 25, 2017.

3. American Enterprise Institute, "Christina Hoff Sommers and Camille Paglia."

을 것이다(내용이 너무 방대해서 여기서 다루기 적절하지 않음). 하지만 파글리아가 말한 요점은 중요하다. 여성의 성적 매력은 강력한 전율을 일으키는 스펙터클이 아닐 수 없다. 모든 여성은 남자들의 관심을 통제하기 위해 자신이 이용할 수 있는 이 신비로운 전율의 힘에 관해 배운다. 그 힘은 여성이 몸의 굴곡을 좀 더 거침없이 드러내고, 피부를 더 많이 드러낼수록 더 커진다. 성은 팔린다. 성적 특성을 드러낸 여성은 자기의 몸을 좀 더 많이 보여줌으로써 소셜 미디어의 "좋아요"와 "즐겨찾기"를 이용해 물건을 팔 수 있다. 그런 여성은 시원한 맥주, 새로운 자동차, TV 쇼, 액션 영화, 헬스클럽 회원권, 거품 이는 소다수, 남성 향수, 비디오 게임, 관광 상품 등 무엇이든 팔 수 있다. 피부를 더 많이 드러낼수록 그 스펙터클은 저항하기가 더 어려워진다. 그러나 여성의 성적 특성을 보여주는 스펙터클이 아무리 강력할지라도 그것은 사회의 가장 귀중한 제도를 훼손하는 결과를 낳을 뿐이다. 외설적인 포르노 제작자, 음란한 광고업자, 순진한 여성은 각자 음욕을 일깨우는 강력한 힘을 발휘해 그들 중 아무도 온전히 이해하지 못하는 그릇된 결과를 초래한다. 그들은 사람들의 눈길과 관심을 사로잡는 동시에, 그들의 마음을 완고하게 만들고, 결혼 관계를 파괴하고, 여성의 육체를 대상화하고, 어떤 문화 안의 결혼이 지속되고 번성하기 위해 꼭 필요한 섹슈얼리티의 내밀한 성역을 침해하는 결과를 낳는다.

여성은 한편으로는 관음을 즐기는 남성들 앞에서 성적 대상물로 객체화되기도 하고, 또 다른 한편으로는 자발적으로 자신을 객체화시켜 성적 매력의 힘으로 남자들을 지배하기도 한다. 성경은 이 두 가지를 모두 정죄한다. 성경은 결혼의 언약 안에서만 서로의 알몸을 보는 것을 허용하고,[4] 여성이 공중 앞에서 수치스러운 행위를 하는 것과[5] 남자들이 옷을 입고 있거나 알몸 상태인 여성의 육체를 음욕을 품고 바라보는 것을 금지한다.[6]

다윗의 관음 행위는 우리를 매우 불편하게 만들지만, 우

---

4. 아 4:1 - 16.

5. 딤전 2:9 - 10; 벧전 3:3 - 4; 계 17:1 - 6.

6. 삼하 11:2; 욥 31:1; 마 5:28.

리의 스펙터클들은 남성이 음탕한 눈으로 성적으로 대상화된 여성을 바라보는 것을 점점 더 편안하게 만든다. 이 음란한 남성들의 눈길이 여성들을 타락시키고, 여성의 성을 그녀의 존재와 분리시키며, 여성을 인격과 동떨어진 한갓 관능적인 연기자로 전락시킨다. 정욕을 품은 남성의 무절제한 눈길로 인해 여성이 대상화되고 비인간화되며 잠시 사용하다가 버려지는 육체의 스펙터클로 변질된다.[7]

우리의 음란한 눈길이 원하는 만큼 대상을 확대하여 원격 동영상을 즐기는 세대가 볼 때는, 옥상에서 이루어진 다윗의 관음 행위가 매우 우스꽝스러울 것이 틀림없다.

─────

이외에도 스펙터클이 문화를 지배하는 또 다른 방식들이 많지만 이제는 더 중요한 문제들을 살펴봐야 할 때가 되었다. 정치, 권력, 전쟁, 섹스, 스포츠, 소셜 미디어, 게임, 엔터

7. Roger Scruton, *Sexual Desire: A Philosophical Investigation* (New York: Bloomsbury Academic, 2006)을 보라.

테인먼트 등에 관한 굉장한 스펙터클이 대중의 관심을 사로잡는다. 우리 문화는 더 이상 공통된 신념에 의해 하나로 연합하지 않는다. 우리의 문화를 하나로 연합하는 것은 공유된 스펙터클이다. 가장 인기 있는 영화에 어울리게끔 만들어진 할로윈 복장처럼 우리는 우리가 서로서로 공유하는 문화적 스펙터클 안에서 우리의 정체성을 찾으려고 시도한다.

바이럴 스펙터클(개인 간 공유를 통해 널리 전파되는 스펙터클—편집주)은 사회적 힘, 정치적 모멘텀, 개인의 브랜딩, 경제적인 부의 영역에서 새로운 통화通貨로 대두되었다. 심지어 짧은 동영상도 문화 개혁을 독려하는 사회적 영향력을 발휘하거나, 정치적 모멘텀을 발생시키거나, 스펙터클 제작자들의 손에 경제적인 힘을 실어줄 수 있는 강력한 통화이다. 문화적 스펙터클은 좋은 쪽으로든 나쁜 쪽으로든 힘을 축적하기 위한 통화이다. 그런 대중적인 힘들은 눈길을 끄는 영상이나 시각적인 아이콘이 없으면 결집하기가 어렵다. 그러나 눈길을 끄는 영상이 있으면 대중을 좀 더 쉽게 결집시켜 움직일 수 있다.

교회는 이런 세력 다툼이 전개되고 있는 와중에, 곧 스펙터클 제작자들의 판매대 위에서 온갖 매매행위가 이루어지고 있는 상황 속에서 비평적인 질문을(심지어는 자기 비평적인 질문을) 제기할 수 있도록, 이 시대의 스펙터클로부터 분리되어 따로 떨어져 나와 서도록 부름받는다.

§14 관심의 시장 안에 존재하는 교회

관심을 주고받는 일이 오랜 역사를 통해 지속되는 동안, 교회는 시장의 한쪽 구석을 차지하는 혜택을 누렸다. 그러나 법학 교수이자 기술 전문가인 팀 우는《*The Attention Merchants*》(관심의 상인)라는 책에서 이제 교회가 그런 독점적인 지위를 누리는 시기는 끝났다고 말했다. 그는 "지금은 20세기 이전과는 달리 사람들이 항상 하나님을 생각하며 살아가지는 않는 것으로 보인다."라고 말하고 나서 이렇게 덧붙였다.[1] "그럼에도 불구하고, 교회는 그 사명을 달성하기 위해 사람들의 관심을 반드시 자극해야 하는 유일한 기관이었다. 때로 교육에서 차지하는 중요한 역할을 통해서는 물론이고, 주말과 주중의 활동을 통해 교회가 하려고 애쓴 일이 있다면 바로 그것이었다. 관심의 산업이 태동할 무렵에는 종교가 실질적인 의미에서 여전히 그런 기능을 발휘했다. 관심을 사로잡아 이용할 목적으로 설계된 대

---

1. Tim Wu, *The Attention Merchants: The Epic Scramble to Get Inside Our Heads* (New York: Knopf, 2016), 27.

규모의 인간적 노력으로는 교회가 유일했다. 그러나 20세기 이후로 제도화된 종교는 계몽주의가 제기한 온갖 의심에 시달려온 탓에 관심을 사로잡아 이용하려는 다른 시도들에 대해 현저히 취약한 것으로 드러났다."[2]

역사적으로 교회는 문화 전체의 집단적 상상력을 형성하는 원천이었지만 오늘날에는 스펙터클 제작자들에게 그 역할을 빼앗겼다. 이제는 미디어가 새로운 신이 아닌 새로운 샴푸로 우리의 상상력을 사로잡는다. 각종 소비재가 화면을 통해 우리의 시각을 자극하며 한번 사용해보라고 손짓한다. 인간의 시각을 화폐로 만드는 이 새로운 능력이 관심의 상인들이 주도하는 "관심의 경제학" 시대를 열었다.

팀 우가 말하려는 요점은 약간 과장된 측면이 있지만 중요한 의미를 지닌다. 그 이유는 예수님이 1세기에 제자들에게 부를 탐하는 강렬한 욕망을 경계하라고 경고하셨기 때문이다. 돈을 사랑하는 것은 예나 지금이나 인간의 관심을 복음으로부터 멀어지게 만드는 심각한 우상 숭배에 해

---

2. Ibid.

당한다.[3]

인간의 관심은 항상 영원한 것의 가치는 멀리하고, 허무한 것들의 화려한 외관에는 쉽게 현혹되는 경향이 있기 때문에, 교회가 관심의 시장에서 배타적인 독점권을 행사하는 것은 쉽지 않다. 우의 관찰이 중요한 이유는 그가 관심의 상인들의 역사를 추적하고 있기 때문이다. 인쇄물과 텔레비전과 인터넷으로 돈을 벌었으며 이제는 스마트폰으로 돈을 벌고 있다. 넘쳐나는 미디어의 발흥은 우리의 삶의 순간순간을 타게팅하는 데 성공했고, 결국에는 사람들의 시선을 사로잡기 위해 복음과 경쟁하는 새로운 시대를 불러왔다.

문화 전반에 걸쳐 관심을 사로잡으려는 싸움이 시작되면서 교회는 두 가지 도전에 직면하게 되었다. 첫째, 우리는 잃어버린 자들에게 복음을 전하기 위해 맑은 정신과 집중력을 고갈시키는 단편적인 스펙터클과 경쟁해야 한다. 둘째, 우리는 하나님과 풍성한 교제를 나누기 위해 문화와

---

3. 마 13:22; 막 4:19.

단절하는 능력을 길러야 한다. 기도는 하나님 중심적인 관심을 요구한다. 아침 기도나 식사를 위한 감사 기도만이 아니라 간단한 간구를 통해 우리의 삶이 신적 생명에 촉촉하게 젖게 하려면, 잠시 틈을 내거나 좀 더 긴 시간을 들여 또렷한 의식으로 성령을 통해 성자의 이름으로 성부께 머리를 조아려야 한다.

바울은 우리에게 기도의 훈련을 요청한다. 우리는 쉬지 않고 기도해야 한다.[4] 우리는 온전한 의식을 가지고, 맑게 깬 정신으로 쉬지 않고 기도해야 한다. 쉬지 않고 생산적인 기도를 드리는 삶이 무슨 의미인지를 보여주는 대표적인 본보기가 있다면 바로 19세기 설교자 찰스 스펄전일 것이다. 그는 한 친구에게 "일을 하면서 틈틈이 몇 마디 말로 기도를 드리면 항상 기분이 좋다네."라고 말했다.[5] 쉬지 않는 기도는 일상의 의무를 소홀히 하는 것과는 전혀 무관하

---

4. 엡 6:18; 살전 5:17.

5. W. Y. Fullerton, *Charles Spurgeon: A Biography: The Life of C. H. Spurgeon by a Close Friend* (North Charleston, SC: CreateSpace, 2014), 135.

다. 또한, 그것은 하나님과 일에 관한 관심을 따로 분리해 동시에 두 가지 일을 하는 것을 의미하지도 않는다. 쉬지 않는 기도란 일을 하면서 틈틈이 찾아오는 공허한 침묵의 순간들, 곧 오늘날 디지털 미디어에 의해 강탈되고 빼앗겨 사라지는 순간들을 이용해 하나님께 관심을 기울이는 것을 의미한다.

기도하지 않는 이유를 미디어 탓으로 돌릴지도 모르지만, 진정한 이유는 나의 마음이 잘못되었기 때문이다. 관심의 양은 한계가 있는데, 하루를 지내면서 간간이 짧은 순간이 주어질 때마다 나는 기도보다 소셜 미디어를 점검하거나 거기에 글을 올리는 것을 더 좋아하는 경향이 있다. 하나님이 나의 삶에서 계속 멀어져 가시는 이유는 나의 부주의함 때문이다.

물론, 기도 시간을 상기시켜주는 애플리케이션도 있고, 알람도 있다. 바라건대, 그것들을 사용한다면 정말 좋을 것이다. 그러나 디지털 시대에서는 9초간의 관심이 스냅챗 한 시간 당 4백 개의 스펙터클 모듈로 산정된다. 이런 영적 혼란은 영혼이 아닌 관심의 상인들을 섬기기 위해 존재한다. 우리의 관심에는 한계가 있고, 우리는 끈기 있는 기도를 해야 할 의무가 있다. 이제는 솔직해야 할 때가 되었다. 가장 저급한 형태의 강박적 소셜 미디어 습관이 우리의 하루를 가득 채우고 있고, 우리의 기도 생활을 좀먹고 있다.

그렇다면 오늘날처럼 스펙터클이 만연한 시대에 그리스도인들이 왕성한 영적 생명력을 유지하려면 어떻게 해야 할까?

Part 2

스펙터클

§15 스펙터클과 긴장 관계

인쇄된 매체를 통해 "스펙터클"을 뜻하는 "spectakils"라는 영어가 처음 등장한 것은 기독교 설교자이자 은거자요 신비주의자였던 리처드 롤을 통해서였다.[1] 그는 1340년대에 시편을 영어로 번역해 주석을 곁들인 책을 출판하면서 "여호와를 의지하고 교만한 자와 거짓에 치우치는 자를 돌아보지 아니하는 자는 복이 있도다"라는 시편 40편 4절에 주목했다. 롤은 그 구절을 설명하면서 그리스도인이 복된 이유는 오직 그리스도만을 신뢰하고, "세상의 것이나 육체의 것이 아닌 그분 안에서 희망을 찾으며," 세상의 헛된 것을 좇지 않기 때문이라는 설명을 덧붙였다. 롤은 "곡예사가 깡충깡충 뛰고 매춘부가 춤을 추는 것과 같은 이 세상의 악한 정욕이 빚어낸 광적인 환상을 비롯한 여러 스펙터클spectakils"은 하나님께 대한 관심을 잃게 하고 마귀에게로 관심을 돌리도록 이끌기 때문에 그리스도인은 그것에서

---

1. *Oxford English Dictionary*, 2nd ed., 20 vols. (Oxford, UK: Oxford University Press, 1989)에 의하면.

눈을 돌려야 한다고 말했다.[2]

어릿광대, 저글링하는 사람, 곡예사는 당시의 인기 있는 오락의 3인방이었다. 중세 시대에 처음 등장한 "spectakils"라는 용어를 통해 세상의 유혹과 기독교적 헌신 사이에 근본적인 관심의 긴장 관계가 형성되어 있다는 사실이 분명하게 드러났다. 스펙터클은 우리의 관심을 빼앗기 위해 하나님과 경쟁을 벌인다.

다시 말하지만, 우리 세대가 헛된 스펙터클에 사로잡힌 시대를 살아가는 최초의 사람들은 아니다. 대중 매체가 등장하기 이전의 세대도 어느 정도는 시각적인 문화를 즐겼다. 우리보다 앞선 믿음의 조상들도 "우리가 믿음으로 행하고 보는 것으로 행하지 아니함이로라"(고후 5:7)라는 말씀을 삶의 표어로 삼고 살아가야 할 만큼 스펙터클의 문제는 항상 존재했었다.

---

2. Richard Rolle of Hampole, *The Psalter or Psalms of David, and Certain Canticles* (Oxford, UK: Clarendon Press, 1884), 147. 그의 언급은 시 39편 5절 또는 우리가 시 40편 4절로 아는 구절의 라틴 불가타 역본에 관한 언급이다. 가독성을 위해 인용문에 약간의 변형을 가했다.

롤보다 훨씬 이전에 살았던 초대 교회의 교부들도, 그리스도인들이 이교도의 연극을 관람하거나 로마 제국의 피비린내 나는 스포츠에 참여해야 하는지를 놓고 고민했다. 테르툴리아누스는 오락의 우상을 정의하기 위해 《구경거리에 대해》*De Spectaculis*라는 한 권의 책을 쓰기까지 했다. 그는 그 책에서 그리스도인도 신앙에 악영향이 미치지 않는 상태에서 당시의 문화적인 스펙터클을 즐길 수 있다는 생각에 대해 길게 대답했다. 그는 연극에 관해 다음과 같은 물음을 제기했다. "배우가 죄가 되는 행위를 하는 것을 지켜보는 것이 왜 합법적이어야 하는가? 어떻게 그리스도인들이 거리에서 정죄되는 죄가 무대 위에서 버젓이 저질러지는 광경을 태연하게 지켜볼 수 있단 말인가?" 그는 하나님의 형상을 지닌 인간의 육체를 훼손하는 거친 스포츠를 강하게 비판했다. 그는 그리스도인들이 "골대, 무대, 소란함, 경기장을 계속해서 그리워하며 한숨짓는" 것을 보고 깊이 탄식했다.[3] 그는 "볼거리로 눈을 가득 채우고 싶은

---

3. *Tertullian: Apology and De Spectaculis. Minucius Felix: Octavius.*

가?"라고 묻고, "진정한 볼거리, 곧 그리스도의 재림이 이미 임박했다."라고 대답했다.[4] 그는 그리스도인들은 곡예와 극장과 경기장을 모두 합친 볼거리가 가져다주는 즐거움보다 훨씬 더 큰 즐거움과 기쁨을 기대해야 한다고 강조하며 자신의 책을 끝맺었다.

아우구스티누스도 《고백록》에서 이교도의 연극과 콜로세움의 학살극에 대해 그와 똑같은 우려를 표명했다. 그는 무대에서 연출된 연극은 무해한 재밋거리가 아니며, 상처를 입은 자들이 무대 위에서 곤경을 당하며 절박한 필요를 호소하는 모습을 수동적으로 지켜보게 만듦으로써 그리스도인들의 마음을 냉랭하게 만드는 아이스박스와 같다고 결론지었다.

청교도들 역시 비슷한 질문을 제기하며 런던의 극장들을 폐쇄하기 위해 1576년부터 노력하여, 결국 1642년에 성공을 거두었다.

Loeb Classical Library 250 (Cambridge, MA: Harvard University Press, 1931), 295.

4. Ibid., 297. .

물론, 그리스도인들이 이런 논쟁과 관련해 항상 올바르게 처신한 것은 아니었다. 그들의 우려가 잘못되고 불합리한 것으로 드러난 적도 많았다. 그러나 내가 여기에서 말하려는 요점은, 그리스도인들이 극장, 텔레비전, 소셜 미디어, 게임과 같은 것에 우려의 목소리를 나타내는 것은 그런 문제들을 줄곧 제기해 온 교회의 오랜 전통에 해당한다는 것이다.

§16 프린의 각주

기독교 지도자들은 대대로 스펙터클 산업에 대해 경고의 목소리를 냈다. 그들이 오래전에 내렸던 결론 가운데 일부는 크게 빗나간 것으로 배제할 수도 있지만 개중에는 우리가 진지하게 배워야 할 내용도 있다. 이 두 가지가 한데 혼합된 사례가 17세기 런던의 극장에서 공연된 무대 연극을 반대한 청교도들의 싸움에서 잘 드러난다. 당시에 극장들이 유명해졌던 것은 윌리엄 셰익스피어 때문이었다.

청교도들은 몇 가지 이유에서 극장을 반대했다. 극장은 군중을 비좁은 공간에 몰아넣는다. 역병에 취약했던 시대에 극장은 공중 보건을 위협하는 세균 배양소나 다름없었다. 또한 목조 건물이었기 때문에 관객이 너무 많이 몰려들면 무너질 수도 있었고, 대형 화재의 위험을 초래할 수도 있었다. 심지어 극장이 역병이나 구조적인 문제나 화재로부터 안전하다고 하더라도, 극장 주위에는 매춘부들과 도박꾼들이 우글거렸다. 극장은 공중 보건은 물론, 도덕적 건전성을 위협하는 장소였다. 청교도들은 극장을 공격했다. 그들이 "극장을 폐쇄했던 이유는 연극을 즐기지 않아서가 아니라 당시의 극장이 (환경적으로나 연극 대사로나) 풍기를 문란하게 만드는 부도덕한 장소였기 때문이다."[1]

17세기에 런던의 극장들을 강력하게 반대했던 목소리들 가운데 윌리엄 프린의 목소리가 특별히 우렁찼다. 법률가였던 그는 법률가다운 기소 정신을 발휘해 런던의 극장 산업의 유죄를 입증할 어마어마한 논거를 제시했다. 구체적으로 말해, 그는 1633년에 무려 1,000페이지에 달하는 백과사전과도 같은 책을 펴내 극장을 가차 없이 비난하고 질타했다. 그 책의 제목은 《Histriomastix》(히스트리오매스틱스 : 연극인의 천벌, 또는 배우의 비극)였다.

우리가 역사 속에서 알고 있는 청교도 설교자들과 프린을 함께 뭉뚱그려 취급하는 것은 그들에게 공정한 처사가 아닐 것이다. 프린은 도전적이고, 독립적이고, 노골적이었을 뿐 아니라 극장을 비판하기 위해서라면 찾을 수 있는 증거를 모조리 찾아내 방대한 총론서를 출판하려는 열정에 사로잡힌 인물이었다. 런던의 극장들에 대한 청교도의

---

1. J. I. Packer, *God's Plans for You* (Wheaton, IL: Crossway, 2001), 84.

반감이 절정에 달했을 무렵, 그는 출판물로 인쇄된 자신의 비판의 무기를 날카롭게 갈고 닦아 런던의 극장들과 연관된 위험하고 부도덕한 모든 일을 직접 겨냥했다.

다시 말하지만, 청교도는 극장 자체를 반대한 것이 아니었다. 그들이 반대한 것은 무대 위와 밖에서 자행되고 있는 죄였다. 그들은 강단에서 오락 산업의 유혹을 경계하라고 역설했을 뿐 아니라 언젠가는 덕을 세우는 연극과 희극이 만들어져 공연될 것을 희망했다.[2]

그러나 그런 희망은 프린의 가시 돋친 책에 의해 가려지고 말았다. 그는 남자배우들을 "사람의 아들들 가운데 가장 음란하고, 저속하고, 추악하고, 유해한 오물이자 쓰레기"라고 비난했다.[3] 프린은 많은 각주 중 한 곳에서 당시의 인기 있는 "블랙프라이어 극장"에서 일하는 런던의 여배우들을 비난하는 내용을 실었다. 그는 그들을 "무례하고, 수

---

2. 나는 적법하고 매우 교훈적인 희극이나 비극을 만들고 공연하는 것이 가능하다고 생각한다. Richard Baxter, *The Practical Works of the Rev. Richard Baxter* (London: James Duncan, 1830), 5:483.

3. William Prynne, *Histrio-mastix: The players scourge, or, actors tragœdie* (London, 1633), 133.

치스럽고, 여자답지 못하고, 품위 없고, 매춘부 같은" 존재로 일컬었다.[4] 그 책은 헨리에타 마리아 왕비가 "블랙프라이어 극장"에 유명 인사로 모습을 드러내기 약 한 달 전에 인쇄된 형태로 출판되어 시장을 강타했다.[5] 내용은 조잡했고, 시기는 적절하지 못했다. 찰스 왕은 그 각주를 개인적인 모욕으로 받아들였다. 프린은 체포 구금되어 벌금을 부과 받았고, 옥스퍼드 학위까지 박탈당했을 뿐 아니라 형구를 몸에 차고 귀의 윗부분을 "잘리는" 수모를 당해야 했다.[6] 그러나 그는 멈추지 않았다. 그는 감옥에 있으면서도 계속해서 신랄한 비판을 담은 글을 써서 출판했다. 그는 몇 년 뒤에 또다시 기소를 당했다. 형집행자는 수많은 군중이 지켜보는 앞에서 프린의 얼굴에 "선동적인 비방자 Seditious Libeler"를 뜻하는 "SL"이라는 낙인을 찍고, 뜨겁게 달군 칼

4. Ibid.

5. Elbert N. S. Thompson, *The Controversy between the Puritans and the Stage* (New York: Henry Holt, 1903), 176.

6. Sidney Lee, ed., *Dictionary of National Biography* (London: Oxford University Press, 1896), 46:432.

로 남아 있는 그의 귀를 완전히 제거했을 뿐 아니라 그의 귀를 자르는 데 그치지 않고 공식적인 명령의 한계를 넘어 양쪽 볼을 지나 목이 있는 곳까지 칼을 그어 내렸다. 칼은 그의 경정맥이 있는 곳을 가까스로 비껴 나갔다.[7] 프린은 낙인이 찍히고, 불에 데고, 온몸에 선혈을 흠뻑 뒤집어쓴 모습으로 군중이 지켜보는 자리에서 질질 끌려 나갔다. 그의 한쪽 귀는 완전히 사라졌고, 다른 쪽 귀는 살점이 약간 들러붙어 있는 채로 덜렁거렸다(나중에 외과 의사에 의해 제거되었다). 낙인이 찍히고 피에 젖은 그의 형상은 그 자체로 하나의 스펙터클이었다. 사회적 추방을 상징하는 이런 형상은 나다니엘 호손이 나중에 자신의 소설에 등장하는 간통녀 헤스터의 성을 "프린"으로 일컬을 정도로 강력했다.

그러나 윌리엄 프린이 지나치게 날카로운 비방을 앞세우는 방식을 취했다고 해서 그를 무시한 채 역사책을 덮어버리는 것은 결코 바람직하지 않다. 극장에 대한 그의 비판

---

7. William Lamont, "Prynne, William (1600 – 1669), Pamphleteer and Lawyer," oxforddnb.com.

은 몇 가지 공정하고 유익한 의미를 지닌다. 아마도 가장 유익한 내용은 그의 서론에서 발견되는 내용일 것이다. 그는 그곳에서 이렇게 말했다.

> 그러므로 무대 연극을 하나님과 자신의 영혼보다 더 사랑하는 자들은 그들이 원하는 대로 극장을 의지하게 놔두고, 우리는 그리스도 예수를 우리의 전부요, 유일한 위로요, 세상에서의 유일한 스펙터클이자 기쁨으로 삼자. 영혼을 황홀하게 하고 마음을 가득 채우는 그분의 임재가 가장 높은 하늘, 곧 하나님이 자신의 아들과 자비를 위해 마침내 우리 모두를 데리고 가실 그곳에서도, 우리의 영원한 위로이자 가장 영광스럽고 자랑스러운 영원한 스펙터클이 될 것이다.[8]

"스펙터클"이라는 말을 풍자적으로 사용한 것에 주목하라. 프린은 디지털 시대에서 재고할 가치가 있는 무언가를 말했다. 그것은 그가 아우구스티누스와 같은 이전의 그

---

8. Prynne, *Histriomastix*.

리스도인 사상가들에게서 배운 것이다. 나는 곰팡이가 펴 썩어가는 낡은 책들이 가득한 방에 앉아 이 책을 쓰고 있는 동안, 내가 스펙터클의 시대를 살아오면서 오랫동안 느껴왔던 긴장감을 표현할 수 있는 말을 위의 글에서 발견했다. 프린이 암시한 대로, 그리스도인들은 더 이상 "상호 배타적인 스펙터클"(여기서 '상호 배타적'이라 함은 어느 한 사건이 일어나면 다른 사건들은 일어날 수 없는 것을 의미함—편집주)의 극장 안에서 살고 있지 않다. 오늘날과 같은 디지털 시대에서는 특히 더 그렇다. 이제 우리가 "서로 경쟁하는 스펙터클"의 시대를 살아가고 있다면 우리는 어떻게 해야 하는가?

§17 세상에서 가장 큰 스펙터클

스펙터클을 사랑하는 세상, 곧 수많은 스펙터클 제작자들과 스펙터클 제조 산업이 만연한 이 세상 안으로 하나님이 역사 속에서 일어나도록 계획하신 가장 웅장한 스펙터클이 개입해 들어왔다. 그것은 다름 아닌 그리스도의 십자가이다. 십자가는 역사의 전환점, 곧 기원전과 기원후의 접촉점이다. 그곳에서 모든 시대가 충돌하고, 인간의 모든 스펙터클이 그 무엇도 능가할 수 없는 우주적인 신적 스펙터클과 마주친다.

로마 제국 내에서 수천 번이나 자행된 십자가형은 사람들의 관심을 끌기에 충분한 스펙터클이었다. 공용 도로를 따라 나무를 즐비하게 세우고 그 위에 산 사람을 못 박아 죽이는 행위는 군중을 위한 일종의 유혈 스포츠였다. 그것은 경기장에 국한되지 않은 가시적이고 공개적인 행위였다. 십자가 처형은 그것을 넋을 잃고 바라보는 관객들 앞에서 로마 제국의 강력한 지배력을 보여주는 상징이었다. 그것은 수치스러운 형벌이었기 때문에 로마 시민은 십자가에 처형할 수 없도록 법으로 규정했다. 십자가형은 반란을 일으킨 노예들을 공개적으로 비인간화시키는 수단으로만 사용되었다. 그것은 로마 제국 내에 존재하는 대규모의 노예 계층을 억압하고, 위협하고, 부리기 위한 강압책이었다.[1]

십자가형의 목적은 "희생자들을 인간의 일원으로 간주하지 않게 만드는 것"이었다. 그것은 살 가치 없는 범법자들을 "처단하는 의식"이었다.[2] 한 신학자는 십자가형이 역할극이었다고 말하면서 "십자가형에 동반된 조롱과 야유는 그 자체가 스펙터클의 일부로 계획된 것이었다."라고 덧붙였다.[3] 십자가형은 가학적인 참여를 끌어냈다. "행인들이 사람의 비인간화와 파멸을 가속화시키는 역할을 한다는 것은 모두가 아는 사실이었다. 십자가형은 인간 안에 존재하는 가학적이고 비인간적인 충동을 연극처럼 연출하게 만들 목적으로 고안된 영리하고도 악마적인 수단이었

---

1. Martin Hengel, *Crucifixion* (Minneapolis: Fortress Press, 1977), 51–63.

2. Fleming Rutledge, *The Crucifixion: Understanding the Death of Jesus Christ* (Grand Rapids, MI: Eerdmans, 2015), 91–92.

3. Ibid.

다."[4]

누가복음에는 "군중들이 이 스펙터클을 보러 모였다"the crowds…has assembled for this spectacles는 문구가 나온다(눅 23:48). 성경은 그리스도께서 군중이 자신을 주목하여 보는 모습을 보시게 될 것이라고 예언한다(시 22:17). 인간의 마음속에 있는 가학성을 연극처럼 연출하는 행위가 큰 군중을 끌어모았다. 그들은 쇼를 구경했다. 한 남자가 매를 맞고, 피를 흘리며, 조롱과 멸시 속에서 나무에 매달렸다. 그러나 군중은 피조 세계가 떠는 것을 보았다. 땅이 진동했고, 성전의 휘장이 위에서 아래로 찢어졌으며, 정오의 태양이 세 시간 동안이나 빛을 잃었고, 무덤들이 열렸으며, 죽었던 많은 신자들이 되살아났다.

예수 그리스도의 죽음은 그저 또 하나의 십자가형이 아니었다. 그것은 모든 십자가형의 정점이었다. 로마인들에게는 "모든 십자가가 반도들을 조롱하며 처형하는 수단이었지만," 성경에 따르면 그리스도의 십자가는 "대관식이

---

4. Ibid.

요 즉위식이었다."[5] 그리스도의 십자가가 우주의 역사 속에서 가장 위대한 스펙터클이 된 이유는 그것이 전복시킨 대상 때문이었다. 그리스도께서는 갈보리 언덕에서 "통치자들과 권세자들을 무력화하여" 승리하셨고, "(그들을) 드러내어 구경거리로 삼으시고 십자가로 그들을 이기셨다"(골 2:15). 나무 위에서 죽는 것은 하나님의 저주를 받아 죽는 것이었다. 그리스도께서는 나무 위에 달리심으로써 우리를 위해 저주를 받으셨다.[6]

우리가 큰 벌판에서 수만 명의 노예들과 죄수들과 정복당한 적들을 다시금 일일이 십자가에 못 박는 일을 실제로 할 수 있고, 적어도 CGI 기술을 이용해 그런 장면을 영상으로 재창조할 수 있다고 하더라도, 십자가에 못 박히신 왕은 여전히 가장 웅장한 스펙터클로 남을 것이다.

하나님은 모든 인류의 눈길이 이 절정의 순간에 집중되

5. Peter J. Leithart, *Defending Constantine: The Twilight of an Empire and the Dawn of Christendom* (Downers Grove, IL: IVP Academic, 2010), 24.

6. 신 21:22 – 23; 갈 3:13 – 14.

도록 의도하셨다. 하나님이 이렇게 말씀하시는 것과 방불하다. "이는 너희를 위해 십자가에 못 박힌 나의 사랑하는 아들이다. 이것은 너희의 마음을 영원히 사로잡을 스펙터클이다." 아우구스티누스는 다양한 스펙터클을 즐겼던 로마 제국 시대에 살면서 "형제들이여, 주 하나님이 우리에게 아무런 볼거리(스펙터클)도 주지 않으셨다고 생각하지 말라."고 말했다. 그 이유는 "어린 양이 사자를 이긴 것"보다 더 위대한 볼거리는 없기 때문이다.[7] 하나님의 계획에 따라 그리스도인들은 스펙터클을 바라보며 살게 되었다. 우리는 과거에 역사적 사실로 존재했다가 지금은 보이지 않게 된 이 위대한 스펙터클에 우리의 모든 삶을 바친다.

이 궁극적인 스펙터클이 믿음을 통해 나의 생명이 되었다. 십자가라는 최고의 스펙터클이 이 세상의 스펙터클과

---

7. Augustine of Hippo, "Lectures or Tractates on the Gospel according to St. John," in *St. Augustin: Homilies on the Gospel of John, Homilies on the First Epistle of John, Soliloquies*, ed. Philip Schaff, trans. John Gibb and James Innes, vol. 7, A Select Library of the Nicene and Post-Nicene Fathers of the Christian Church, First Series (New York: Christian Literature Co., 1888), 50.

우주적인 충돌을 일으킨다. 우리는 그 중간에 있다. 나는 이제 세상에 대해 십자가에 못 박혔고, 세상은 나에 대해 십자가에 못 박혔다.[8] 그리스도의 십자가라는 궁극적인 스펙터클에 대한 우리의 반응이 우리가 누군지를 규정한다.

십자가를 어떻게 바라보느냐에 따라 거짓 왕을 조롱하는 스펙터클이 될 수도 있고, 진정한 우주의 왕의 등극을 알리는 스펙터클이 될 수도 있다. 십자가는 보는 관점에 따라 비극적인 오해가 발생해 무고한 사람을 끔찍하게 살해한 사건이 될 수도 있고, 하나님이 더할 나위 없는 아름다움을 세상에 드러내기 위해 미리 계획하고 섭리하신 스펙터클이 될 수도 있다.

나의 삶을 돌아보며 내 죄가 피에 젖은 그리스도의 몸을 찔러 구멍을 냈다는 사실을 떠올리게 함으로써, 그리스도의 스펙터클은 회심에 결정적인 역할을 한다. 내가 나를 사랑하시는 그분을 찔렀다.[9] 타락하지 않은 눈이나 구속된

---

8. 갈 2:20; 6:14.

9. David Clarkson, *The Works of David Clarkson* (Edinburgh: James Nichol, 1864), 1:108을 보라.

눈으로 보면, 십자가는 중요성 면에서나 영광 면에서 세상의 스펙터클이 결코 겨룰 수 없는 가장 위대한 스펙터클이다.

신학자 존 머레이가 예수 그리스도의 십자가를 가리켜 "역사상 가장 장엄한 스펙터클, 다시 반복되지도 않고 반복될 수도 없는 전대미문의 독보적인 스펙터클"이라고 말한 것은 너무나도 적절하다.[10] 장대에 달린 놋뱀이 불뱀에 물려 중독된 사람들을 치유한 것처럼, 그리스도의 상한 몸이 로마 제국의 십자가에 달려 수많은 죄인의 영혼을 치유하는 스펙터클이 되었다.[11] 갈보리의 십자가에 매달린 그리스도는 역사상 그 어떤 스펙터클도 겨룰 수 없는 절정의 스펙터클, 곧 그것을 바라보는 사람들에게 하나님의 생명과 사랑을 값없이 나눠주는 지극히 탁월한 스펙터클이다.

십자가는 우주를 위한 하나님의 계획의 전환점을 이루

---

10. John Murray, *Redemption Accomplished and Applied* (Grand Rapids, MI: Eerdmans, 2015), 76.

11. 민 21:4-9; 요 3:14-15.

었다.[12] 십자가는 하늘, 땅, 좌측의 모든 나라, 우측의 모든 나라, 네 방향을 가리키는 스펙터클이다. 우리 구주께서는 세상으로부터 거부되고 하늘로부터 버려진 채로, 양팔이 활짝 펼쳐진 채로 십자가 위에 매달리셨다. 여기에서 하나님의 진노와 긍휼이 서로 충돌을 일으켰다. 대홍수보다 훨씬 더 깊은 의미를 지닌 그리스도의 십자가는 수많은 죄인들의 죄를 향한 하나님의 의로우신 분노를 공개적으로 보여주는 것이었다. 하나님은 가시적인 인간 역사 안에서 그분의 진노를 온전히 드러내어 전에 간과했던 죄들을 심판하셨다.[13]

찰스 스펄전은 이 최상의 스펙터클을 염두에 두고 "하나님이 갈보리 언덕 위에서 영원한 사랑의 붓으로 거룩한 진노의 색깔을 찍어 그리신 것과 같은 그림이 세상 어디에 또 있을 것인가?"라고 말했다.[14] 대답은 "없다"이다. 육안

---

12. 엡 1:10.

13. 롬 3:23 – 26.

14. C. H. Spurgeon, *The Metropolitan Tabernacle Pulpit Sermons*, vol. 10 (London: Passmore & Alabaster, 1864), 359 – 60.

으로는 볼 수 없지만, 그리스도께서 감당하신 분노야말로 십자가 스펙터클의 진수였다. 하나님의 진노가 가득 담긴 잔을 귀하신 성자께서 남김없이 들이키신 것은 성삼위 하나님의 역사 속에서 가장 결정적인 순간이었다.[15] 죄를 알지 못하시는 분이 우리를 대신해 죄인이 되어 우리의 불경스러운 죄와 불법을 다 짊어지셨다.[16] 그리스도의 몸이 못 박힌 채로 경건하지 못한 사람들의 조롱하는 눈길 앞에 환히 드러났고, 그분을 버리신 거룩하신 하나님의 눈길 앞에서는 진노를 짊어진 속죄 제물이 되어 나타났다.[17]

마틴 로이드 존스는 "놀라운 십자가를 볼 때 나는 무엇을 보는가?"라고 묻고 나서 이렇게 대답했다. "세상이 전에 보지 못했고 앞으로도 다시 보지 못할 스펙터클을 본다…십자가는 그 엄청난 역설에도 불구하고 우리가 역사 속에

---

15. 사 51:17, 22; 렘 25:15 – 16; 계 14:9 – 10; 16:19. 관련 구절은 마 20:22 – 23; 26:39; 막 10:38; 14:36; 눅 22:42; 요 18:11을 참고하라.

16. 고후 5:21.

17. P. T. Forsyth, *Positive Preaching and Modern Mind* (New York: A. C. Armstrong, 1907), 318 – 19.

서 생각하거나 상상하는 그 어떤 것도 지극히 하찮게 보이게 만든다."[18] "우리는 주목할 만한 사건이나 사고, 위대한 쇼 등의 스펙터클을 매우 좋아하는 시대에 살고 있다. 그런데 그리스도인이 십자가의 스펙터클을 영광스럽게 여기는 이유는 십자가를 더 많이 바라볼수록 하나님의 영광이 더 많이 계시되는 것을 보기 때문이다. 십자가는 성삼위 하나님, 곧 성부와 성자와 성령의 영광을 보여준다. 그리스도인은 이 모든 영광의 빛이 자신에게 비추는 것을 본다."[19]

18. D. Martyn Lloyd-Jones, *The Cross: God's Way of Salvation* (Wheaton, IL: Crossway, 1986), 60, 64.

19. Ibid., 56.

§18 십자가는 스펙터클인가?

오늘날과 같은 시각 중심적인 문화 속에서, 화상에 나타난 스펙터클을 다루는 책을 쓰면서, 보이지 않는 십자가를 화제로 꺼내는 것이 과연 적절한 일일까? 십자가가 오늘날 우리에게 스펙터클이 될 수 있을까? 우리 가운데 십자가를 직접 본 사람은 아무도 없다. 우리는 단지 그것에 관해 글로만 읽을 뿐이다.

초기 갈라디아 신자들이 직면한 문제가 이 질문에 대한 답을 시사해준다. 갈라디아 교회는 '그리스도 플러스 율법의 행위'로 구원받는다는 거짓 약속의 마법에 걸려들었다. 그들은 복음을 그릇 이해했고, 그리스도를 버렸다. 그것은 어리석은 일이었다. 그들은 어떻게 해서 거짓 복음의 환상에 현혹되어 그리스도의 십자가만으로는 불충분한 것처럼 생각하게 되었을까? 바울 사도는 "갈라디아 사람들아 예수 그리스도께서 십자가에 못 박히신 것이 너희 눈 앞에 밝히 보이거늘"(갈 3:1)이라고 말했지만, 사실 그들은 그리스도께서 십자가에 못 박히신 현장에 있지 않았다.

그렇다면 바울은 무슨 이유로 갈라디아 교회가 그들의

눈으로 직접 십자가에 못 박히신 그리스도를 보았다고 말했던 것일까? 어쩌면 그는 성만찬의 상징, 곧 그리스도의 십자가 죽음을 시적으로 상징화한 것을 염두에 두었는지도 모른다. 그러나 나는 그런 설명을 받아들이고 싶지 않다. 오히려 바울의 말은 갈라디아 교회가 바울의 열정적이고 그리스도 중심적인 설교를 통해 십자가에 못 박히신 그리스도를 보았다는 의미일 가능성이 높다. 그리스도의 십자가는 시간적으로나 공간적으로 멀리 떨어져 있었지만, 바울의 열정적인 설교를 통해 생생하게 다가왔다. 바울이 갈보리의 상황을 얼마나 시각적으로 생생하게 묘사했는지 정확히 알 수는 없지만, 그리스도의 죽음이 "청중에게 매우 생생하고 인상 깊게 느껴져서 마치 그들의 눈앞에서 일어난 일처럼 상상할 수 있을 정도였던 것은 분명해 보인다."[1]

그런 설교들을 섣불리 사도적 연출법으로 치부해서는

---

1. Hans Dieter Betz, *Galatians: A Commentary to Paul's Letter to the Churches in Galatia* (Philadelphia: Fortress Press, 1979), 131.

안 된다. 바울이 그의 설교에서 그리스도의 십자가를 생생하게 묘사한 것은 언어를 통한 상상 유발, 곧 선명한 언어적 표상의 극치였다. 다시 말해, 강렬한 묘사적 표현법을 통해 사진과도 같은 상상력이 촉발되었고, 그로 인해 갈라디아 신자들의 마음속에 그리스도의 십자가가 생생하게 떠올랐다. 바울은 "본다"라는 시각적 비유를 사용해, 십자가의 스펙터클이 실제로 그들의 눈앞에 선명하게 드러나 보이는 것처럼 그런 순간들을 회상할 수 있었다.

오늘날에도 담대하고 명확하게 십자가를 전하면, 신자들, 곧 그것을 믿음으로 바라보는 사람들의 눈앞에 십자가의 스펙터클을 구현할 수 있다. 우리는 성령을 통해 십자가의 스펙터클을 본다. 오늘날에도 우리는 온당한 위엄을 갖춘 십자가의 메시지가 담겨 있는 충실한 설교와 책과 사진을 통해 그리스도의 십자가를 볼 수 있다. 이것, 곧 그리스도의 십자가를 통해 그분의 위엄과 영광을 볼 수 있다는 것이 곧 바울이 말하려는 요점이었다.

그러나 이 위대한 스펙터클은 불가시적이다. 가시적인 영역만이 아니라 불가시적인 영광의 영역을 바라보는 것은 그리스도인들의 독특한 특징이다.[2] 우리는 믿음으로 그리스도 안에서 말로 다 할 수 없는 기쁨, 곧 세상에서 그리스도를 물리적으로 보았던 초기의 제자들이 느꼈던 기쁨을 연상시키는 기쁨을 누린다.[3] 십자가는 시각이 아닌 믿음을 일깨운다. 갈보리에서 "사탄은 가시적으로 승리했고, 그리스도는 불가시적으로 승리하셨다."[4] 이것이 성경의 이야기를 다룬 영화, 곧 십자가를 극화시켜 재현한 영화들이 십자가의 스펙터클에 아무것도 더하지 못한 채 오히려 그 의미를 축소하는 경우가 많은 이유다. 그런 영화는 한 남자의 패배와 물리적인 고통만을 사실적으로 묘사하는 데 그칠 뿐, 그리스도의 신성이나 죄를 속량하는 제사장이요, 진노를 감당하는 구원자요, 뱀을 으깨는 유월절 어린양이요, 우주적인 전사요, 두 번째 출애굽의 인도자요, 새창조의 알파이신 그분의 독특한 사역을 적절하게 표현하

---

2. 고후 4:18.

3. 벧전 1:8-9.

4. Thomas Manton, *The Complete Works of Thomas Manton* (London: James Nisbet, 1874), 18:213.

지 못한다.

우리의 세계는 보는 것이 믿는 것이라고 말한다. 그러나 십자가의 깊은 영광을 보려면 인간이 보는 대로가 아닌 하나님이 보시는 대로 봐야 한다. 우리는 보이지 않는 것을 보물로 여긴다. 아마도 이것이 이 시대와 기독교적 삶 사이에서 발생하는 스펙터클 갈등의 가장 큰 원천일 것이다. 십자가에 못 박히신 그리스도라는 위대한 스펙터클은 눈을 위한 스펙터클이 아니라 귀를 위한 스펙터클이다. 믿음은 보는 것이 아니라 듣는 것에서 나온다.[5]

---

5. 롬 10:14 - 21; 갈 3:1 - 5.

§19 서로 경쟁하는 두 개의 극장

"눈의 스펙터클"과 "귀의 스펙터클" 간의 갈등은 1세기의 아우구스티누스나 14세기의 롤이나 17세기의 프린에게 국한된 특별한 문제가 아니었다. 스펙터클 갈등은 바울이 골로새 신자들에게 서신을 띄운 이후로 모든 그리스도인이 경험하는 현실이다.

1세기의 신자들은 획기적이고 경이로운 인간의 성취물과 온갖 오락물이 가득한 세상, 곧 수많은 가시적인 문화적 영광들이 불가시적인 영원한 영광과 경쟁을 벌이는 세상에 살았다. 바울은 세상의 유혹에 맞서기 위해 십자가에 못 박히신 그리스도(영혼의 무한한 욕구를 채워주는 스펙터클)를 전했다. 골로새서를 다섯 부분으로 나눠 살펴보면 그가 그 일을 수행한 방식을 알 수 있다.

첫 번째 부분: 바울은 골로새서 1장 15절-2장 15절에서 우주의 중심적인 스펙터클을 높이 찬양했다. 기독론적인 장엄함을 이렇게까지 분명하게 드러낸 본문은 성경 어디에도 없다. 바울은 이 몇 마디 문장을 통해 구주의 위엄과 영광을 확연하게 드러냈다. 그리스도께서는 창조주요 유지

자요 구원자요 만물의 회복자이시다. 그분은 부활을 통해 새 창조의 첫 시민이 되셨다. 그리스도께서는 다른 스펙터클이 존재하기 전에 이미 존재하셨다. 이 세상의 스펙터클이 모두 사라지고 난 후에도 그리스도께서는 여전히 통치하실 것이다. 그리스도의 영광은 우주의 모든 곳을 매료시킨다. 하지만 바울의 비전의 초점은 십자가에 맞춰져 있다. 그리스도의 승리는 우주의 관심을 사로잡는 스펙터클이다.

그리스도께서는 온 세상 앞에 온전히 벌거벗은 모습으로 매달려 서서히 맞이하는 죽음 안에서[1] 죄의 권세를 밝히 드러내 그것을 공개적인 조롱의 스펙터클로 만드셨다. 그리스도께서는 갈보리에서 "통치자들과 권세들을 무력화하여 드러내어 구경거리로 삼으시고 십자가로 그들을 이기셨다"(골 2:15). 그리스도의 십자가는 모든 권한을 박탈당한 왕, 곧 자신의 왕국이 없는 무기력한 사기꾼이라는 비

---

1. "희생자들은 완전히 벌거벗은 채로 십자가에 못 박혔다. 십자가는 고통뿐 아니라 수치의 도구였다. 그래서 군인들은 누가 예수님의 옷을 차지할지 결정하기 위해 모였다(마 27:35)." D. A. Carson, *Scandalous: The Cross and Resurrection of Jesus* (Wheaton, IL: Crossway, 2010), 21.

웃음을 들으며 죽어가는 왕의 모습을 보여주는 끔찍한 스펙터클처럼 보였다. 그러나 십자가와 부활의 참된 스펙터클은 사흘 동안 사탄과 그의 세력을 무참히 짓밟는 승리의 행군이었다. 이 승리의 행군은 로마 제국이 경험했던 그 어떤 승리보다 훨씬 더 큰 규모의 것이었다. 십자가는 그리스도의 패배가 아닌 그분의 승리, 곧 승리의 행군이었다. 그것은 승리의 장식으로 치장한 개선장군이 이륜 전차를 타고서, 전리품을 가득 실은 마차들을 보란 듯이 이끌고, 전투에서 승리한 장면들을 그린 깃발을 펄럭이며 패배한 적들을 사슬에 묶어 끌고 오면서, 함성을 지르는 군중 앞을 지나 도시를 가로질러 들어오는 광경과도 유사한 것이었다.[2]

우리는 이 첫 번째 부분에서 신성한 전사로서의 그리스도에 대한 불가시적인 스펙터클을 본다. 이 스펙터클에 비하면 다른 군사적인 스펙터클은 모두 빛바랜 모방에 지나지 않는다. "이 웅장한 스펙터클의 기쁨을 깊이 느끼면서

---

2. Richard C. Beacham, *Spectacle Entertainments of Early Imperial Rome* (New Haven, CT: Yale University Press, 1999), 19–21.

거기에 우리의 모든 관심과 감각을 집중하자."[3] 우리가 이 영광에 계속해서 매료될 수 있기를 기원한다.

두 번째 부분 : 바울은 골로새서 2장 16-23절에서 금욕주의를 경계했다. 이 본문은 치명적으로 해로운 겸손이라는 것이 존재한다고 말한다. 그것은 과잉 겸손이다. 그것은 세상을 멀리하고 사회와 세속 문화를 떠나 살면 영적 건강을 지킬 수 있다고 생각하는 것이다. 그러나 사회를 떠난다고 해서 영적 치유가 보장되는 것은 아니며, 그리스도인들은 온갖 유혹과 스펙터클이 난무하는 세속 문화 안에서 살면서도 얼마든지 왕성하게 성장할 수 있다. 그리스도인의 힘은 그가 관심을 집중하는 곳으로부터 나온다.

세 번째 부분 : 바울은 골로새서 3장 1-4절에서 관심의 방향을 재조정한다. 두 극장, 곧 땅 위에 있는 죄의 극장과 그리스도께서 계시는 곳에 있는 영광의 극장이 우리의 시선을 사로잡기 위해 경쟁한다. 서로 다른 이 두 극장은 두

---

3. Jean Daillé, *An Exposition of the Epistle of Saint Paul to the Colossians*, ed. James Sherman, trans. F. S. (Philadelphia: Presbyterian Board of Publication, n.d.), 361.

가지의 종말론적 견해를 대변한다. 바울은 골로새서 3장 2, 5절과 빌립보서 3장 19절에서 "죄의 특별한 극장"인 땅의 것에 관해 말했다.[4] 땅의 것은 대중의 시선을 지배하는 현재의 극장으로서 장차 멸망해 없어질 시대를 대표하고, 하늘의 것은 현재와 미래의 극장으로서 새 창조의 시대를 대표한다. 새 창조의 시대는 지금 그리스도인들 안에서 그리고 교회 안에서 일어나고 있으며 궁극적으로 그리스도께서 재림하실 때 온 세상에 실현될 것이다.

바울은 이 두 극장을 공간적으로 묘사한다. 즉, 위의 것과 아래의 것으로 묘사한다. 그러나 첫 번째 부분에서 살펴본 대로 바울의 요점은 종말론적인 의미를 지닌다. 그는 영원의 렌즈를 통해 한 시대가 사라지고, 또 다른 시대, 곧 새 창조의 시대가 그리스도 안에서 동터오는 것을 보았다.

새 생명으로 다시 살리심을 받는다는 것은 우리의 마음을 하늘의 것에 고정하는 것을 의미한다. 우리는 우리의 디

---

4. Peter T. O'Brien, *Colossians, Philemon*, vol. 44, Word Biblical Commentary (Dallas: Word, 1998), 161.

폴트 스펙터클인 하늘을 향해 순간순간 관심을 돌려야 한다. 주일에 예배를 드릴 때는 그리스도께 생각을 집중해야 하고, 월요일에 일할 때도 그리스도를 생각해야 한다. 우리는 일주일 내내 아침에 일어날 때나 식사를 할 때나 저녁에나 항상 우리의 생각을 재조정해 그리스도께 맞춰야 한다. 그러나 인간의 결심만으로는 이 일을 해낼 수 없다.

네 번째 부분 : 바울은 골로새서 3장 5-11절에서 우리의 땅에 있는 지체를 죽이라고 가르친다. 그리스도인들의 문제는 할리우드나 발리우드가 아니라 우리의 타락한 자아 안에서 견제받지 않고 활동하는 세상적인 욕망이다. 음욕과 물질적 탐욕에 기반하고 있는 이 땅의 스펙터클이 우리 안에 있는 세상적인 욕망을 먹인다. 십자가의 스펙터클은 우리의 삶을 진동시키는 지진이 되어 이 땅의 스펙터클에 중독된 우리의 사슬을 깨뜨린다.

우리는 그리스도 안에서 우리의 마음속에 남아 있는 세상적인 악한 욕망을 모조리 죽여 없애려고 노력해야 한다. 세상은 자신의 스펙터클로 그런 욕망을 먹여주고 싶어 한다. 무차별한 금욕이 아닌 경계심과 신중함과 금식으로 나의 눈을 지키고, 나의 욕구와 약점을 잘 파악해 의도적으로 세상의 것을 멀리해야 한다. 깨어 있는 정신으로 죄에 대한 민감성을 유지해 어떤 미디어를 소비할 것인지를 결정하고, 스스로 한계를 부여해야 한다. 나 자신을 과신하며 스펙터클을 마구 받아들이지 않으려면 나의 연약함을 깨달아야 한다.

존 파이퍼는 "우리를 변화시키기 위한 하나님의 일차적인 전략은 우리의 욕구를 올바른 방향으로 이끄는 것이다."라고 말했다.[5] 이것이 골로새서의 가르침이다. 하나님은 우리의 애정affection이 세상의 극장이 지닌 강력한 힘에 속박되지 않도록 도와주신다.

다섯 번째 부분 : 바울은 골로새서 3장 12절-4장 6절에서 우리의 일상적인 책임을 잘 감당하라고 명령한다. 그리스도께 우리의 마음을 고정시킨다고 해서 삶에 무관심해지는 것은 결코 아니다. 그것은 오직 그리스도에 관해서만

---

5. 엡 4:21-24에 대해 특별히 언급하고 있는 존 파이퍼의 사적인 이메일(2017년 11월 6일자)에서 인용함. 허락을 받고 인용한 것임.

생각하며 사는 삶을 요구하지 않는다. 우리는 배우자, 자녀, 일, 이웃, 교회도 아울러 생각해야 한다. 골로새서의 문맥 안에서 이런 균형된 삶이 발견된다. 바울은 심지어 일상생활 속에서 육신의 상전을 기쁘게 하라고 권고하기까지 했다(골 3:22). 세상은 욕구와 욕망과 우상과 죄의 극장이다. 우리는 그 한가운데를 걸어서 통과하고 있다. 우리는 마치 뉴욕의 타임스퀘어의 현란한 이미지들 속에서 똑바로 앞만 바라보며 자족함 가운데 걷고 있는 영혼처럼 이 세상 안에서 살아간다. 우리의 상황이나 이웃 사람들이나 직장 상사는 우리의 원수가 아니다. 그리스도의 영광에 초점을 맞추는 것은 세상에서 우리에게 주어진 소명을 더욱 강화한다. 그것은 세상에서의 책임을 도외시하게 만들지 않는다.

그리스도의 영광은 최상의 스펙터클이며, 그 능력은 그것이 다른 모든 삶의 영역에서 우리의 충실한 순종을 어떻게 독려하고 고무하고 강화하는지를 통해 가장 분명하게 드러난다. 골로새서의 서두에 나오는 영광스러운 기독론과 가정과 직장에서 기독교적인 삶을 실천하라는 후반부의 명령을 따로 분리하는 것은 조금도 바람직하지 않다.

그리스도의 스펙터클은 다른 사람들에게 희생적인 사랑을 베푸는 것을 통해 밝히 드러나야 한다. 성화의 핵심 동력인 그리스도의 영광의 스펙터클을 시시때때로 바라봄으로써, 우리의 모든 생각과 감정과 욕망과 삶의 습관이 그리스도를 닮은 광채로 빛나야 한다.

———

디지털 시대를 살아가는 우리는 생각의 방향을 그리스도께로 재조정하라는 골로새서의 교훈을 늘 기억해야 할 필요가 있다. 이것은 결코 자연적 인간의 힘으로 할 수 있는 것이 아니다. 먼저 영적으로 거듭나, 그 무엇도 필적할 수 없는 그리스도의 영광의 스펙터클을 볼 수 있는 새로운 눈이 열려야 한다. 우리는 그것에 의식적으로 충실하게 관심을 집중해야 한다. 성령께서 우리의 눈이 헛되이 사라질 이 세상의 무가치한 것들로부터(세상의 극장으로부터) 승리하신 우리의 구원자 예수 그리스도께로(하늘의 극장으로) 향하도록 이끌어 주신다.

바울은 우리의 시야를 좁히지 않고, 오히려 넓게 열어 우주적인 규모의 드라마가 펼쳐지는 곳까지 확장시켜준다. 그리스도께서는 십자가에서만 스펙터클을 만들지 않으셨다. 십자가는 그리스도와 관련된 모든 영광스러운 것들, 곧 창조주요 만물의 유지자로서의 사역, 그분의 성육신, 그분의 삶, 그분의 말씀, 그분의 순종, 그분의 기적, 그분의 초연한 태도, 그분의 구타당하심, 그분의 십자가형, 그분의 진노 받으심, 그분의 부활, 그분의 승천, 그분의 대관식, 그분의 영원한 제사장직을 나타내는 간결한 상징이 되었다. 그리스도의 모든 영광이 그분이 보여주신 하늘의 스펙터클 안에 간직되어 있다.

따라서 세상은 그리스도에 관한 것은 무엇이든 아무런 매력을 느끼지 못하지만,[6] 그리스도인들의 경우는 그분에 관한 것이면 무엇이든 깊이 매료된다. 그분의 영광은 우리의 일상적인 스펙터클 욕구의 지향점이다. 우리는 성경 시대의 골로새로부터 로마 제국과 런던의 청교도를 거쳐 오늘날의 디지털 세상에 이르기까지 모든 시대의 스펙터클

---

6. 사 53:1 – 3.

가운데서 항상 그리스도의 영광을 새롭게 찾아내 높이 기리려고 노력해야 하고, 그 영광을 영혼을 위한 매일의 양식으로 삼아야 한다. 그리스도께서는 기록된 말씀과 선포된 말씀으로 우리의 믿음을 먹이신다. 눈을 위한 세상의 스펙터클이 곳곳에 만연한 세상에서, 귀를 위한 하나님의 스펙터클, 곧 하늘의 위대한 스펙터클이 우리의 관심을 사로잡기 위해 경쟁한다.

§20 영광을 보는 자들

골로새서의 세계관은 우리의 생각과 상상력을 재조정하게 도와주고, 단지 신학 그 자체만을 주목하게 하는 것이 아니라 신학의 참된 본질(우리의 상상력을 채우고 우리의 마음을 매료시키는 하나님의 영광과 기독론적인 스펙터클을 바라보는 창이 되는 것)에 따라 신학을 붙들게 돕는다. 바울은 골로새서에서 사회나 가정이나 교회나 직장 등 그 어떤 곳에서의 삶도, 우리 마음의 밭에서 새로운 열매가 맺히게 하는 능력을 지닌 그리스도의 빛나는 영광이라는 우주적인 스펙터클의 영향에서 벗어날 수는 없다는 사실을 분명하게 입증했다.

바울은 이런 일이 어떻게 일어나는지를 고린도후서 3장 1절 내지 4장 6절에서 좀 더 자세하게 설명했다. 특별히 복잡한 논증으로 이루어져 있는 이 성경 본문은 우리의 사랑과 욕구가 어떻게 근본적으로 새롭게 되는지를 잘 보여준다.[1] 바울은, 그리스도의 메시지는 단지 돌이나 종이(옛

---

1. 더 분명하게 표현된 논증을 보려거든, Richard B. Hays, *Echoes of Scripture in the Letters of Paul* (New Haven, CT: Yale University Press, 1993), 122–53; Alastair J. Roberts, "Transfigured Hermeneutics 8—Moses's

언약의 시대에 사용된 의사소통의 방식)에 적혀 전달되는 메시지가 아니라고 논증한다. 구속사의 옛 단계에서는 하나님의 찬란한 영광(모세의 변화된 용모를 통해 중재된 영광)과 그분의 말씀(두 돌판에 새겨진 말씀)이 의도적으로 분리되었다.[2] 모세는 하나님을 대면함으로써 얻어진 찬란한 신적 영광을 수건으로 가린 채, 그 기록된 결과물, 곧 돌판에 새겨진 하나님의 율법만을 백성들과 공유했다. 그러는 사이, 모세의 사역 안에 반영된 하나님의 영광은 차츰 사라지고 말았다(고후 3:7).

그리스도의 영광은 모세와 옛 언약의 약화되어 가는 영광을 무한히 능가했다. 태양이 뜨면 반짝이던 은하수의 별들이 보이지 않게 되는 것처럼, 옛 언약의 영광은 성자의 광채 앞에서 완전히 빛이 바랬다. 그리스도께서 사도들 앞에서 변화하신 영광스러운 모습은 온전히 나타난 그분의 영원한 영광의 맛보기에 지나지 않았다.[3]

Veil," alastairadversaria.com, July 20, 2016을 보라.

2. 출 34:29 – 35.

3. 마 17:1 – 13; 막 9:2 – 13; 눅 9:28 – 36.

그러나 바울은 모든 그리스도인이 그리스도의 변화하신 영광을 마음으로 느낄 수 있다고 말했다. 그리스도 안에서 영혼의 눈을 가리던 수건이 벗겨진 덕분에 우리는 그리스도의 스펙터클을 볼 수 있게 되었다. 그분은 우리 앞에서 찬란한 모습으로 변화하신다. 물론, 그분이 실제로 그렇게 변하시는 것은 아니다. 그런 변화는 하나님이 의도하신 대로 성령을 통해 말씀과 신적 영광이 하나로 결합하면서 "성경의 목소리"를 통해 이루어지는 것이다. 우리는 성경 곳곳에 나타나는 그분이 행하신 일과 그분의 말씀을 통해, 그리고 그분이 옛 언약의 비밀을 드러내 그 의미를 상세히 설명하신 방식을 통해 그분의 아름다우심을 어렴풋하게 본다. 우리는 그리스도 안에 "지혜와 지식의 모든 보화가 감추어져 있다"(골 2:3)는 사실을 깨닫는다. 그리스도의 영광을 제외하면 성경의 어느 한 부분도 옳게 이해할 수 없다. 그분은 모든 것을 해석하는 열쇠이시다.

예수님은 그분의 인격과 말씀과 행위 등, 무엇 하나 영광스럽지 않으신 것이 없다. 그러나 죄인들은 그것을 보지 못한다. 오직 그리스도께로 돌이키는 회심의 순간에야 비로소 감추었던 영광이 드러나 그리스도의 광채와 아름다우심이 우리의 마음속에서 구체적으로 느껴지기 시작한다. 오늘날에도 수건에 눈이 가려진 독자들에게는 성경이 고대의 경전이나 예수님의 전기로만 보일 뿐이다. 바리새인들은 그리스도의 가르침과 기적과 십자가를 직접 보면서도 그분의 신적 권위를 의식하지 못했다. 그들은 육신의 눈으로 그리스도를 보았음에도, 그분의 신적 영광에 대해서는 눈이 가리워져 있었다. 그들은 보아도 보지 못하는 옛 방식으로만 볼 수 있었다.[4]

이 새로운 영광을 보려면 초자연적인 눈이 필요하다. 그리스도의 스펙터클은 교양인이나 지식인이나 종교인이 아닌 믿음의 눈을 가진 사람들에게 주어진다. 수건이 벗겨진 사람은 믿음으로 본다. 그런 사람은 그리스도의 영광을 보고, 마음으로 즐거워하며, 내면이 변화된다.

그리스도의 영광을 보지 못하는 이유는 영적으로 속박

---

4. John Piper, *A Peculiar Glory: How the Christian Scriptures Reveal Their Complete Truthfulness* (Wheaton, IL: Crossway, 2016)을 보라.

되어 있기 때문이다. 그리스도의 영광을 보는 것이 영적 자유를 얻는 길이다.[5] 처음 회심할 때는 그리스도의 영광이 번갯불처럼 나타나 구주께로 마음을 열도록 만든다. 죽었던 마음이 되살아나 신적 스펙터클을 보게 되고, 그리스도의 영광스러운 스펙터클이 내면을 변화시키기 시작한다. "어두운 데에 빛이 비치라 말씀하셨던 그 하나님께서 예수 그리스도의 얼굴에 있는 하나님의 영광을 아는 빛을 우리 마음에 비추셨느니라"(고후 4:6).

그리스도께서는 첫 창조의 창조주요, 새 창조의 창시자이시다. 그리스도의 빛나는 얼굴의 능력이 구원받은 백성의 마음속에서 새 창조를 만들어 낸다. 회심한다는 것은 새 창조에 참여하는 것을 의미한다. 새롭게 질서를 갖춘 피조 세계에 처음 빛이 비쳤던 순간은 그리스도의 찬란한 빛이 새롭게 태어난 영혼에 비추는 순간을 가리키는 비유적인 의미를 지닌다.

새 창조에 참여하는 것은 그리스도를 처음 보는 것을 의

---

5. 고후 3:16 – 18.

미한다. 그분의 영광이 우리를 변화시킨다. "우리가 다 수건을 벗은 얼굴로 거울을 보는 것 같이 주의 영광을 보매 그와 같은 형상으로 변화하여 영광에서 영광에 이르니 곧 주의 영으로 말미암음이니라"(고후 3:18).

그리스도 안에서 이루어진 새 창조의 시작은 인류를 두 진영으로 나눈다. 이 두 진영은 가만히 정지되어 있지 않고, 역동적으로 움직인다. 우리는 그리스도의 스펙터클 안에서 하늘의 극장으로 이끌리며 영광에서 영광에 이른다.[6] 그러나 죄인들은 세상의 극장이라는 스펙터클 안에서, 눈먼 영혼들을 덧없는 이 세상의 극장으로 끌어들일 목적으로 강하게 소용돌이치는 미디어의 격랑 속으로 자기도 모르는 사이에 휘말려 들어간다.[7]

그리스도의 스펙터클을 보려면 믿음이 필요하다. 영광을 "볼 수 있는" 눈이 주어져야 한다. 그것은 복음을 가능한 한 가장 명료하게 설명한 책이나 성경을 읽는다고 해서

---

6. 고후 3:18.
7. 고전 7:31.

볼 수 있는 것이 아니다. 성령께서 우리 안에서 역사하셔야 한다. 그분이 믿음의 눈을 주셔야만 우주에서 가장 웅장한 스펙터클을 보고, 주님을 이 세상의 다른 어떤 관계보다 더 소중히 여길 수 있게 된다.[8] 믿음은 볼 수 있는 눈, 곧 하나님이 보시는 대로 볼 수 있는 능력을 제공한다. 그 눈은 세상이 보는 방식(눈먼 소경이 보는 것과 다름없는 방식)과 다른 방식으로 본다. 수건에 가린 채 성경을 읽어서는 어둠에서 벗어날 수 없다. 영광이 없으면 아무리 삶의 습관을 바꾸고 새로운 결의를 다지더라도, 우리의 가장 깊은 갈망과 사랑을 정결하게 정화할 수 없다. 그리스도의 스펙터클은 우리의 형상이요 우리의 아이콘이다. 이것은 우리의 머리에 붙어 있는 눈이 아닌 마음에 있는 믿음의 눈을 위한 것이다.

바울은 이런 스펙터클의 원리를 우리의 점진적인 성화의 근거로 삼았다. 그러나 너무나 자주 우리는 기계적인 일상과 삶의 습관 속에서조차 우리의 갈망과 사랑을 전반적으로 새롭게 하는 성령 중심적 패러다임을 망각하고, 어설

---

8. 마 10:37.

푼 기교나 술책을 선택할 때가 너무나도 많다. 조나단 에드워즈는, 우리 인간은 단지 습관을 갖는 것이 아니라 우리 자체가 바로 습관이라고 말했다.[9] 따라서 대부분의 삶은 먼저 의식적인 차원에서 의도적으로 생각하고 행동하는 것이 아니다. 우리의 습관과 사랑의 성화를 이룰 수 있는 유일한 희망은 성령님께 있다. 그분이 우리의 내면 깊은 곳에서 그분의 변화시키는 능력을 깨우고, 우리의 눈을 열어 그리스도의 영광을 보게 하셔야만 한다. 에드워즈는 고린도후서 3장 18절에 대한 설교에서 다음과 같이 말했다. "그리스도의 영광은 우리를 변화시키는 성질을 지닌다. 그 성질은 강력하다. 그것을 보는 사람은 누구나 그와 똑같은 형상으로 변화된다. 그리스도의 영광은 마음의 밑바닥, 곧 가장 깊은 영혼 내면에까지 미친다. 그것을 보면 모든 것이

---

9. "다시 말해, 피조물은 습관을 지니는 것이 아니라 그 자체로 습관이자 법칙이다. 에드워즈는 영혼의 본질은 능력과 습관에 있다고 말했다." Kenneth P. Minkema, Harry S. Stout, Adriaan C. Neele, eds., *The Jonathan Edwards Encyclopedia* (Grand Rapids, MI: Eerdmans, 2017), 271에 대한 이상현의 요약.

정화되고, 아름답게 된다."[10] 오직 그리스도의 웅장한 스
펙터클만이 우리를 온전하고 아름다운 존재로 변화시키는
능력으로 우리의 사랑과 갈망의 밑바닥에까지 미칠 수 있
다.

고린도후서 3장 1절 내지 4장 6절은 영적 변모를 통한
성화의 심오한 비전을 제시한다. 그런 변모는 수건을 벗은
자들, 곧 성경 안에서 우주의 가장 위대한 스펙터클인 그리
스도의 아름다우심을 볼 수 있는 자들에게만 가능하다.

---

10. Jonathan Edwards, "A Sight of the Glory of Christ," in *Jonathan Edwards Sermons*, ed. Wilson H. Kimnach (New Haven, CT: Yale University, 1728), 고후 3:18.

§21 스펙터클로서의 교회

교회는 그리스도를 따를 때 수건이 벗겨지고, 변화되며, 갈수록 더욱 아름다워진다. 이를 통해 교회 자체가 세상 앞에서 스펙터클이 된다.

로마 제국 시대의 교회들은 처음에는 하찮은 쓰레기처럼 취급당했다. 사회는 그리스도인들이 이교의 우상 숭배 산업을 거부한다는 단순한 이유 하나 때문에 그들을 증오했다. 우상 숭배는 스펙터클을 대량생산하는 산업의 원동력이었다. "로마인들은 (그런 스펙터클을) 사회적인 통합을 이루는 필수 요소로 간주했다."[1] 고대 로마의 우상들을 거부하는 것은 곧 문화 전체를 노골적으로 비난하는 의미를 지녔다.[2]

이것이 "로마 황제들 가운데 가장 화려한 연출자"로 평가받는 네로가 그리스도인들을 그토록 증오했던 이유였

---

1. Donald G. Kyle, *Spectacles of Death in Ancient Rome* (Abingdon-on-Thames, UK: Routledge, 1998), 245.

2. Donald G. Kyle, *Sport and Spectacle in the Ancient World* (Hoboken, NJ: John Wiley, 2015), 332.

다.[3] 그는 악명 높은 스펙터클을 이용해 정치적 자산을 축적했다. 그리스도인들은 64년 여름에 9일 동안 지속되었던 로마 대화재 사건 이후에 가해진 엄청난 박해를 결코 잊지 못할 것이다. 당시 로마에는 정신적으로 매우 불안정한 네로 황제가 그 화재를 일으켰다는 소문이 돌았다. 그는 그런 비난을 일축하기 위해 그리스도인들에게 그 책임을 뒤집어씌워 그들을 희생양 삼아 제국 전체에서 무차별적인 보복을 감행했다. 그의 보복 행위는 스펙터클 장면들을 연출했다. 로마 제국의 통치 아래, 국가에 대한 범죄는 그런 형벌로 다스려졌다. 정죄받은 죄인들은 넋을 놓고 바라보는 청중 앞에서 연극배우와 같은 역할을 해야 했다. 예를 들면, 가짜 왕에게 가시 면류관을 씌워 벌거벗긴 채로 십자가에 못 박았고, 거짓 신복들은 그런 그를 조롱하고 비웃었다.[4] 네로는 그리스도인들을 "방화범"으로 일컫고, 그들을 화형에 처해 우상들에게 바쳤다. 희생자들은 한밤중에 불

---

3. Richard C. Beacham, *Spectacle Entertainments of Early Imperial Rome* (New Haven, CT: Yale University Press, 1999), 200.

4. 마 26:66-68; 27:26-44; 막 15:15-32; 눅 22:63-65; 23:6-11; 요 19:1-5.

에 타 죽어가면서 네로의 정원을 환하게 밝혔다.[5]

심지어 오늘날에도 그리스도인들은 세 가지 방식으로 세상 사람들 앞에서 스펙터클이 된다.

첫째, 교회는 세상 사람들 앞에서 경멸의 스펙터클이 된다. 네로를 연상시키기라도 하듯, 존 번연의 유명한 순례자들은 허영의 도시에서 매를 맞고, 진흙을 뒤집어쓰고, 우리에 던져져 "인간의 비웃음과 악의와 보복의 대상이 되었다."[6] 그들은 배척당하고, 학대받고, 비난받으면서 쓰레기 같은 스펙터클이 되어 도시를 즐겁게 한다. 그러나 내세에 집중하는 우리의 모습은 세상을 혼란스럽게 한다. 그리스도의 스펙터클에 집중하는 우리의 모습은 세속적인 것을 꾸짖는다. 그 결과, 교회는 "공적인 비방과 환난에 노출된다"(히 10:33 참조). 우리는 구경꾼들의 조롱을 받으며 네로와 같은 세상 사람들 앞에서 "구경거리가 된다." 그리스도를 전파하면, 영적, 인간적 저항에 부딪히기 마련이다. 마

---

5. Beacham, *Spectacle Entertainments of Early Imperial Rome*, 222 – 23.

6. John Bunyan, *The Works of John Bunyan* (Edinburgh: Banner of Truth, 1854), 3:128.

치 콜로세움에서 맹수가 당신을 공격하도록 풀려나는 것
과 유사하다. 바울은 "내가 생각하건대 하나님이 사도인
우리를 죽이기로 작정된 자 같이 끄트머리에 두셨으매 우
리는 세계 곧 천사와 사람에게 구경거리가 되었노라"(고전
4:9)라고 말했다.[7] 사도들은 원형 경기장에서 가장 큰 스펙
터클, 곧 피를 원하는 세상의 욕망을 만족시킬 수 있는 최
상의 희생 제물이었다. 그들이 연약한 상태에서 고통과 고
난을 받는 모습은 세상 사람들에게 또 다른 형태의 볼거리
를 안겨주었다.

사실, 순교자들의 죽음은 그렇게 극적이지 않았다. 역사
가들의 기술에 따르면, 콜로세움의 군중 앞에서 살해된 초
기 기독교 순교자들은, 목숨을 애걸했지만 아무 소용이 없
었던 사람들이나 목숨을 지키려고 힘껏 발악하다가 죽은
비참한 사람들과 비교하면 지루하게 느껴질 정도로 죽음
을 담담하게 받아들였다.[8] 그리스도인들이 죽음 앞에서 의

---

7. *Revised English Bible* (Oxford, UK: Cambridge University Press, 1996).

8. "죽음을 담담히 받아들여 권위에 항거했던 순교자들의 모습은 관중을 격분
시켰다. 처음에는 약간 새로운 느낌을 주었을 테지만 그 후에는 의상을 입히

연한 태도를 보였다는 것은 승리자의 역할이나 패배한 적의 역할을 모두 공개적으로 거부했다는 것을 의미한다. 그들은 죽음을 조금도 두려워하지 않고 군중 앞에 섰고, 그로써 로마의 스펙터클 제작 사업을 전복시켰다.[9] 그럼에도 불구하고, 그들은 피에 굶주린 관객들의 만족을 위해 살해되었다. 역사가들에 따르면, 네로가 대화재 이후에 기독교를 박해하면서 바울 사도를 로마에서 참수했다고 한다. 바울의 죽음 역시 그 자체로 피비린내 나는 스펙터클이 되었을 것이 분명하다.

둘째, 교회는 악에 대한 하나님의 승리를 보여주는 신성한 스펙터클이다. 교회의 내적 스펙터클은 수백만 달러를 들여 제작한 할리우드의 CGI 스펙터클에 비하면 지루하고

고 죽음을 볼만한 구경거리로 만들려고 아무리 애써도 그리스도인들은 별로 재미없는 볼거리만을 제공했다. 그들은 검투사와 같은 노련한 연기자들이 아니었기 때문에 아무런 희망도 품을 수 없었고, 특전을 누릴 기회도 없었다. 그들의 용도는 오락용이 아니라 징벌적 처형의 본보기나 신들의 분노를 잠재우는 희생 제물로서 로마인들의 증오심이나 종교적 불안감을 덜어주는 것 뿐이었다." Kyle, *Spectacles of Death in Ancient Rome*, 248. Kyle, *Sport and Spectacle in the Ancient World*, 334를 보라.

9. Peter J. Leithart, "Witness unto Death," firstthings.com, January 2013.

따분하게 보인다. 그러나 교회의 스펙터클은 아름답고 심오하다. 매주 교회에서 설교, 성찬, 세례와 같은 똑같은 일들이 재현된다. 모두 믿음에 근거한 것이고, 늘 반복되는 작은 스펙터클들이다(보이는 것에 근거하고, 반복되지 않으며, 일시적인 세상의 스펙터클과는 다르다). 이런 교회의 의식들은 우주적인 의미를 지닌다. 바울은 골로새서와 에베소서에서 복음에 근거한 지역 교회들의 사랑과 일치가 하나님의 창조 질서를 무너뜨리려고 애쓰는 정사와 권세들에 대한 그리스도의 승리를 나타내는 스펙터클이라는 사실을 신중하게 보여주고 있다. 교회는 항구적인 저항 운동을 수행한다. 교회는 역사 대대로 우주적인 원수들에 대한 하나님의 승리를 나타내는 스펙터클을 보여줌으로써, 그들이 십자가에서 이미 패배했다는 사실을 거듭해서 상기시킨다.

셋째, 교회는 천국을 나타내는 신성한 스펙터클이다. 바울은 종종 운동선수의 비유를 사용해 기독교적인 근면함과 복음 사역을 묘사했다.[10] 교회는 천사들과 충실한 성도

---

10. 고전 9:24-27; 골 1:28-29.

들이 지켜보는 앞에서 경쟁하는 영적인 스포츠 협회이다 (히 12:1-2). 세상에서 믿음을 끝까지 지킨 과거의 모든 성도가 본향을 향해 달려가는 우리를 지켜보며 응원한다. 우리의 관심을 장악하고 우리의 정체성을 규정하려 드는 스펙터클들의 무차별 폭격에도 불구하고, 우리는 주일에 함께 모여 하나님의 은혜로 다양한 배역을 맡아 참된 드라마를 연기하는 배우들로 살아간다.

세상의 스펙터클 제작 기계들이 요란하게 자신들의 스펙터클을 선전한다고 해도 역사상 가장 참된 드라마를 연출하는 주체는 바로 교회다. 하나님은 복음의 능력을 한껏 드러내기 위해 일부러 자기 백성을 연약하게 만드신다. 세상은 그런 연약함 속에서 실제로 일어나는 것과는 사뭇 다른 것을 본다. 세상의 역사에 마지막 커튼이 드리워지는 순간이 되면, 세상은 이미 전체의 요지를 놓쳐 버린 것이다. 세상은 비방당하는 교회가 헛된 호기심에 사로잡혀 있다고 생각하겠지만, 실상 교회는 집단적 차원에서 인간 역사의 드라마 속에서 신부로서 주연 역할을 감당하고 있는 독특한 스펙터클에 해당한다. 모든 피조 세계는 이러한 공연을 위한 극장이 되기 위해 창조되었다.

§22 교회는 스펙터클 제작자인가?

시각적인 스펙터클을 좋아하는 세상에서, 사람들의 눈길을 사로잡는 스펙터클을 주일 모임에 얼마나 많이 도입해야 교회를 세상 사람들 앞에서 좀 더 편안하고 매력적인 장소로 보이게 할 수 있을까? 얼마나 많은 조명과 연무기와 앰프가 필요하고, 얼마나 정교한 무대 배경과 소품과 프로젝터가 있어야 할까? 나는 이 질문에 대해서 마이크 코스퍼의 의견에 적극 동의한다. 그는 "종교적 스펙터클을 추구하는 것은 환상이 깨진 세상에서만 의미가 있다. 만일 우리가 하나님이 모습을 드러내지 않으시는 세상에서 살 준비를 한다면, 우리는 우리 스스로 무언가가 일어나게 하는 법을 배워야 할 것이다."라고 말했다.[1] 오늘날의 스펙터클 산업은 하나님이 존재하지 않으신다는 전제 아래 이루어진다. 만일 하나님이 존재하지 않으시고, 우리 안에 경이로운 것을 갈망하는 하나님 크기만한 욕구가 존재한다면 우리

---

1. Mike Cosper, *Recapturing the Wonder: Transcendent Faith in a Disenchanted World* (Downers Grove, IL: InterVarsity Press, 2017), 64.

는 우리의 방대한 스펙터클 욕구를 채워주기에 가장 적합한 자리를 차지하고 있는 CGI 마법사들에게로 눈을 돌릴 수밖에 없을 것이다. 주일 아침에 교회에서 인위적으로 생성해 내는 스펙터클은 이런 세속적인 사고의 산물일 수 있다. 즉, 우리 안에서 역사하시는 성령의 사역에 대한 믿음을 잃어버린 결과일 수 있다.

교회를 매주 관객들이 모여 능숙한 배우들과 음악가들과 연설가와 비디오 상영을 지켜보는 장소로 생각하는 것이 자연스럽게 느껴지는 문화 속에서, 존 던이 남긴 비유적인 말은 주의해서 들을 만한 가치를 지닌다. 그는 주일 예배를 "오락이나 쇼나 볼거리"로 생각하지 말라고 경고했다. 오히려 우리는 꿈속으로 도피하듯 수동적인 태도로 극장을 찾는 사람들이 아니라 영과 진리로 예배에 적극적으로 참여하기 위해 미리 준비된 영혼과 생각을 가지고 열심을 품고 예배에 임하는 사람들이 되어야 한다.[2] 우리의 스펙터클은 눈을 즐겁게 하는 것이 아니라 상상력을 매료시

---

2. John Donne, *Works of John Donne* (London: Parker, 1839), 5:275.

키기 위한 것이어야 한다.[3] 그렇다면 용인될 수 있는 스펙터클은 무엇일까?

아마도 교회에서는 십자가에 못 박혀 죽고 장사되었다가 다시 살아나 하늘에 오르신 그리스도의 보이지 않는 스펙터클의 실재를 이해하고 기릴 수 있는 정도의 스펙터클만을 사용하는 것이 바람직하다고 생각하는 것이 최선일 듯하다. 그리스도의 영광이 중심에 있지 않으면 아무리 의도적으로 매혹적인 스펙터클을 만들었다고 해도 교회를 한갓 오락을 찾는 사람들의 값싼 눈길을 위한 또 하나의 하찮은 볼거리로 전락시키는 결과를 낳을 수밖에 없을 것이다.

믿음으로 스펙터클을 만들어 그리스도를 기릴 수 있는 방법이 아직 많이 남아 있을 것이다. 예를 들면, 찬양 콘서트, 생명을 위한 행진(March for Life, 낙태의 실천과 합법성에 항의하는 연례 집회 및 행진—편집주), 복음 중심적인 영화와 온라인 동

---

3. Neil Postman, *Amusing Ourselves to Death: Public Discourse in the Age of Show Business* (New York: Penguin, 2005), 121 – 22.

영상, 대규모 콘퍼런스, 수천 명의 청중을 모아 놓고 저명한 목사들이 전하는 뛰어난 설교 등이다.

그러나 우리는 예수님이 단지 또 하나의 스펙터클 제작자가 되기를 거부하셨다는 사실을 잊어서는 안 된다.[4] 예수님은 표적을 구하는 회의적인 사람들에게 "너희는 표적과 기사를 보지 못하면 도무지 믿지 아니하리라"라고 말씀하셨다.[5] 예수님은 또 한 차례의 공짜 오락거리를 얻을 요량으로 스펙터클을 구하는 자들의 욕망을 채워주기를 의도적으로 거부하셨다. 스펙터클 제작은 독특한 것도 아니고 복음에 특별한 진전을 안겨주는 것도 아니다. 왜냐하면 노련한 스펙터클 제작자인 사탄도 현란한 시각적인 쇼로 세상을 매료시키고, 열광하게 만들 수 있기 때문이다.[6]

---

4. 마 12:38 – 40; 16:1 – 4; 눅 23:8 – 9.
5. 요 4:48; 고전 1:22 – 25.
6. 마 24:24; 살후 2:9; 계 13:14.

§23 스펙터클 안에서 보내는 하루

이 책의 내용이 현대적인 삶과 동떨어진 비현실적인 사색처럼 들린다면 나의 의도는 완전한 실패로 끝난 것이나 다름없다. 이 책을 처음 쓰기 시작했던 주말에 나는 생전 처음으로 여름철 X게임 행사(익스트림 스포츠 경기 행사임—편집주)를 참관했다. 그것은 세계 최고의 비엠엑스 선수들, 스케이트보드 선수들, 저돌적인 모터크로스 오토바이 선수들이 기량을 겨루는 개막전 경기였다.[1] 내가 사는 도시의 새로 지은 멋진 경기장에서 처음 열린 그 행사는 광고에서 본 대로 굉장했고, 전국으로 생중계될 가치가 충분한 스펙터클이 아닐 수 없었다. 나는 거대한 경기장 안에 앉아서 스펙터클로서의 교회에 관해 생각했다.

거대한 경기장 안에는 ESPN의 생중계 방송을 위해 실내 축구 경기장의 잔디를 걷어내고 신중하게 손질한 흙 비탈길들이 설치되었다. 방송 전파는 경기장 양쪽에 설치된 고화질 대형 화면(15,000평방피트의 번쩍이는 LED 화면)으로 송출

---

1. X Games Minneapolis, July 13 - 16, 2017.

되었다. 경기장 내부에 있는 것은 모두 이 대형 화면과 생중계 방송을 위해 연출되었다. 방송실의 해설자들과 다른 한 무리의 사회자들이 경기장 내의 모든 움직임을 관중에게 일일이 설명했고, 광고가 끝나고 중계방송이 다시 시작될 때면 관중을 광란의 분위기로 몰아넣기 위해 큰 배경 소음을 일으키게 했다.

그러던 중 굉장한 공중 점프가 있었고, 격렬한 충돌이 일어났다. 선수들이 하늘로부터 땅바닥과 콘크리트 바닥으로 떨어지면서 꼬리뼈에 타박상을 입거나 어깨뼈가 부러지는 일이 벌어졌다. 관중은 숨을 죽였고, 의료진은 척추 보호대를 들고 땅바닥에서 고통스럽게 몸부림치는 선수들을 향해 쏜살같이 달려갔다. 사고가 난 후 텔레비전 카메라는 다시 다른 곳으로 천천히 방향을 돌렸고, ESPN은 부상을 입은 선수들을 옮길 때까지 광고 방송을 했다. 사고 장면은 텔레비전에 방송되지 않았지만, 관중은 침묵한 채 그곳에 눈길을 집중했다. 맨 아래쪽 관람석에서 어머니들과 여자 친구들이 달려 나와 부상을 입은 사랑하는 이들에게로 뛰어갔다. 텔레비전에는 방송되지 않았지만 쉽게 잊기 어려운 장면이었다.

사고를 전후해서는 속도와 높이를 아랑곳하지 않는 놀라운 육체적인 기술들이 펼쳐졌다. 참으로 기억에 남을 만한 묘기가 아닐 수 없었다. 숨을 멎게 하는 공중 곡예는 최적 비율로 대형 화면에 경주자들을 확대했을 때만 비로소 자세하게 감상할 수 있었다. 또 다른 묘기를 보고 싶어 하는 흥분한 관중 앞에서 180도 회전, 360도 회전, 뒤로 공중 돌기, 핸들 돌리기, 타이어 붙잡기 등 온갖 곡예가 펼쳐졌다. BMX 프리스타일 공중 점프는 모든 사람을 벌떡 일어나게 만들었다. 선수들은 경기를 마치고 나서 즉시 느린 영상으로 재생되는 것을 보기 위해 대형 화면으로 눈을 돌렸다. 모든 사람이 그 영상을 즐겼고, 특히 선수들은 눈을 치켜뜨고 그것을 지켜보았다.

이따금 선수의 집에서 미리 녹화한 인터뷰를 통해 그 선수의 경력을 소개하는 방송이 나왔다. 플랫폼에 서 있던 선수는 방송된 자신의 모습을 지켜보다가 소개 방송이 끝날 때를 신호로 삼아 플랫폼 가장자리로 나와 다시 한번 모든 사람을 위해 곡예를 펼쳤다. 첫 번째, 두 번째, 세 번째 시도를 할 때마다 높아지는 점수가 크게 방송되었다. 마지막 시도가 이루어졌을 때는 부상을 입고 기진맥진해 있는 선수들까지도 몸을 사릴 생각을 하지 않고 각자 자신의 가장 대담한 곡예를 펼치며 금메달에 도전했다. 마지막 선수가 마지막 시도를 통해 금메달을 낚아챌 때까지 1위 자리의 선수가 계속해서 바뀌었다. 모든 선수들 가운데 마지막 승리를 차지한 이 선수는 관중들의 가장 큰 함성을 끌어냈다. 경기장의 조명이 잠시 나갔다가 다시 들어왔다. 조명들은 반짝거리며 깜빡거리다가 환하게 밝아졌다. 해설자들은 관중의 함성과 함께 큰 소리를 지르며 이미 대형 화면에 방송되고 있는 그 순간을 설명할 말을 찾느라고 애썼다.

그 영광스러운 순간의 사이사이에 후원하는 기업들의 광고가 사람들의 눈길을 사로잡았다. 쉬는 시간마다 대형 화면에는 상업 광고가 거듭 방송되었다. 상품 로고가 모든 화면을 도배했다. 의류 회사 "하네스"의 통기성 좋은 속옷, 해군의 병사 모집, 도요타의 비포장 도로용 자동차, 후원회사의 로고로 머리부터 발끝까지 치장한 선수들의 모습 등이, 단지 그것들을 사용해본 사람들만이 해독할 수 있는 단조로운 상징들로 표기되어 나타났다.

　카메라는 모든 곳을 비추었다. 경기장 중앙에 있는 한 스파이더 카메라가 가느다란 전선들이 지나가는 하늘을 비추었고, 붐 카메라는 긴 걸대를 이용해 크게 선회했다. 사람들의 헬멧에도 카메라가 달려 있었고, 선수들도 각자 자신의 비디오 장비를 갖춘 무리를 거느렸으며, 공식적인 스틸 사진사들도 가장 좋은 촬영 각도를 찾기 위해 비포장 트랙 꼭대기에 올라섰다. 모든 것이 수백 개의 전자 눈을 위한 스펙터클, 곧 현대 스펙터클 산업이 연출한 안무였다. 미리 계획되고, 녹화되고, 대사화된 순간들, 예기치 않은 순간들, 끔찍한 순간들, 영광스러운 순간들, 느린 화면으로 재생되는 순간들, 반복해서 방송되는 순간들 가운데 최상의 순간들만 편집하여 모은 것이 5분짜리 방송으로 재생됨으로써 그날의 끝을 장식했다.

§24 우리가 느끼는 독특한 스펙터클 긴장

초기 교부인 키프리아누스는 이교의 우상 숭배가 로마의 모든 공적인 스펙터클의 어머니라고 말했다. 그런 우상들이 없었다면 로마 제국의 스펙터클 복합체가 그런 중심적인 문화적 우위를 점유하지 못했을 것이다. 고대와 현대의 스포츠는 둘 다 "덕스러운 행동이 아닌 거칠고 소란스러운 경쟁을 통해" 관객들을 끌어들인다는 점에서 그 성격이 비슷하다.[1] 그러나 현대의 스포츠는 거짓 우상들과 훨씬 덜 노골적으로 연계되어 있다. 물론 우리 시대는 섹스, 부, 권력, 스포츠를 우상화하고, 이런 우상들이 스펙터클 산업을 먹인다. 물론, 서로 경쟁하는 두 신을 대표하는 팀들이 중간 휴식 시간에 인신 제사를 드리면서 벌이는 경기를 즐기는 것이 종교적으로 용인될 수 있는지를 따지는 문제를 직접 다뤄야 할 상황은 발생하지 않는다. 우리는 "브롱코스,"

---

1. Tatian, "Address of Tatian to the Greeks," in *Fathers of the Second Century: Hermas, Tatian, Athenagoras, Theophilus, and Clement of Alexandria (Entire)*, ed. Alexander Roberts, James Donaldson, and A. Cleveland Coxe, trans. J. E. Ryland, vol. 2, The Ante-Nicene Fathers (Buffalo, NY: Christian Literature Co., 1885), 75.

"베어스," "바이킹스"와 같은 팀들, 곧 아무런 해가 없는 아이콘들이 대결을 벌이는 미식축구 경기를 관람한다. 스펙터클에 관한 우리의 문제는 아우구스티누스나 키푸리아누스나 테르툴리아누스가 직면했던 문제들과는 근본적으로 다르다. 우리의 문제는 그보다 좀 더 미묘하고, 우리 각자의 특별한 약점에 맞추어져 있다는 점에서 좀 더 개인적인 특성을 띤다.

나는 X게임을 즐겼다. 나는 그 자리에 거의 임재하지 않았던 것이 아니라 아들과 함께 그 스펙터클을 온전히 경험하기 위해 그 순간에 온전히 임재해 있었다. 그러나 나는 그것으로부터 너무 많은 것을 기대하지 않는 방식으로 그것을 경험하기 위해 그곳에 있었다. 왜냐하면 나로서는 그 선수들이 얻었던 영광을 갈망하는 마음이 조금도 없었기 때문이다. 나는 BMX 자전거를 타고 뒤로 공중돌기를 하고 싶은 생각이 전혀 없다(만일 그렇게 한다면 다른 사람들을 위한 스펙터클이 될 것은 분명하지만 내 목숨은 결딴날 가능성이 높을 것이다). 내가 그런 스펙터클에 끌리는 이유는 그 안에서 나의 영광을 발견할 수 있어서가 아니다. 내가 그것을 경험한 이유는 단지 게임을 즐기며 신나는 하루를 보내기 위해서였을 뿐이다. 그러나 나는 그것을 꿰뚫고 그 이상의 것을 볼 수 있었다. 나는 이 문화적 스펙터클의 홀로그램 앞으로 걸어가서 손으로 그것을 밀고 나가 모든 것을 뒤로 한 채 더 큰 영광을 볼 수 있었다. 그 영광에 비하면 선수들의 영광은 한갓 희미한 그림자에 지나지 않는다.

그렇다면 내가 X게임을 보면서 하루를 보낸 것을 후회한다는 뜻일까? 전혀 그렇지 않다. 그날은 나의 아들과 함께 보낸 잊지 못할 하루였다. 경기장에 앉아 있는 동안, 인간이 된다는 것은 곧 스펙터클 안에 드러난 영광을 보고 싶어 하는 강렬한 욕망을 느끼는 것을 의미한다는 생각이 더욱 분명해졌다. 아우구스티누스가 시편 77편 12절에서 발견한 대로, 스펙터클(예술, 그림, 극장, 운동, 사냥, 낚시 등)을 향한 인간의 끝없는 욕망이 우리 내면의 애정affection을 자극하고, 영광을 향한 우리의 거대한 욕구의 스케일을 분명하게 보여준다. 그와 똑같은 욕망이 신자로 하여금 피조 세계에 나타난 하나님의 영광을 보게 이끈다.[2] 세상의 스펙터클을 향한 인간의 욕망은 우리의 마음속에 하나님의 스펙터클을 원하는 광활한 공간이 존재한다는 것을 의식하도록 일깨운다. 우리의 시각적 욕망으로 무엇을 할 것인지는 또 다른 문제다. 이 세상의 모든 시각적인 영광에 근본적으로 무관심한 것은 인간 이하라기보다는 인간답지 않은 것이다.

우리는 골로새 신자들을 향한 바울의 경고를 경계로 삼아 "보지 말라!" "스트리밍하지 말라!" "검색하지 말라!"고 외치면서 디지털 은둔자처럼 살아가지 않도록 주의해야 한다. 스펙터클은 항상 우리를 에워싸고 있다. 주의 깊게 살펴보면 그 가운데는 하나님의 일반 은혜와 그분의 창의적인 영광을 드러내는 것들이 많다. X게임과 같은 스포츠 기술은 쉽게 무시할 만한 것이 아니다. "위대한 운동선수들은 심오한 동작을 연출한다." 그들은 "힘과 우아함과 통

---

2. Augustine of Hippo, "Expositions on the Book of Psalms," in *Saint Augustin: Expositions on the Book of Psalms*, ed. Philip Schaff, trans. A. Cleveland Coxe, vol. 8, *A Select Library of the Nicene and Post-Nicene Fathers of the Christian Church*, First Series (New York: Christian Literature Company, 1888), 364. On Psalm 77:12.

제와 같은 추상적인 개념을 실제로 구현할 뿐 아니라 텔레비전을 통해 그것을 보여줄 수 있다."[3] 우리는 그런 모습을 경탄하며 지켜봐야 하지만 순진하게 봐서는 안 된다. 창조주께서는 모든 인간의 영혼 안에 지극히 아름다운 그리스도의 영광을 위한 커다란 내적 공간을 만들어 놓으셨다. 우리는 그 공간을 무가치한 것들로 채워서는 안 된다. 인간의 영광을 담은 모든 스펙터클은 하나님을 거부한 채 영광을 추구하는 사람들을 매료시킨다. 그들은 오락물을 통해 자아 추구와 자기확대의 욕구를 충족시키는 스펙터클을 발견한다. 세상의 스펙터클 산업은 사람들의 눈을 현혹하고, 부와 명성의 욕구, 곧 영혼을 파괴하는 해로운 욕구를 따르도록 마음을 유혹하는 강력한 매력을 지니고 있다.

---

3. David Foster Wallace, *Consider the Lobster and Other Essays* (New York: Back Bay Books, 2007), 143.

§25 한 가지 결심과 한 가지 간구

그러면 어떤 스포츠 경기를 참관해야 하고, 어떤 경기를 피해야 할까? 어떤 영화를 봐야 하고, 어떤 영화를 피해야 할까? 어떤 TV 쇼를 봐야 하고, 어떤 TV 쇼를 피해야 할까? 아무것이나 마구 보면 우리의 영혼에 어떤 영향이 미칠까? 소셜 미디어를 통해 어떤 유명 인사와 접촉해야 할까? 바이럴 링크^viral link(사용자 간 공유를 통한 전파성이 강한 링크—편집주)를 검색하는 데 얼마나 많은 시간을 소비해야 할까?

하나님은 인간에게 "영원을 사모하는 마음"을 주셨다(전 3:11). 그분은 인간의 마음을 방대하고, 가만히 못 있고, 갈급하게 만드셨다. 죄의 욕망은 우리의 모든 기능 안에서 정욕을 부추긴다. 눈의 경우는 특히 더 그렇다. 왜냐하면 "눈은 보아도 족함이 없기" 때문이다(전 1:8). 지옥과 무덤이 아무리 많이 집어삼켜도 다 채워지지 않는 것처럼, "사람의 눈도 만족함이 없다"(잠 27:20). 정욕이 가득한 인간의 눈은 아무리 보아도 만족할 줄을 모른다. 세속적인 눈은 영원한 욕망에 이끌려 항상 사방을 두리번거리며 평화와 안식과 기쁨을 가져다줄 새로운 스펙터클을 찾는다. 그러나 만족은 결코 찾아오지 않고, 일시적인 만족이 오더라도 그것은 이내 희미하게 사라진다.[1] 위험의 근원지는 휘황찬란한 세상이 아닌 우리 안에 있는 죄다. 눈을 제어하지 않으면, 우리의 눈은 새로운 즐거움을 찾으려고 온 세상을 두리번거리며 애쓴다. 인간의 눈은 지옥과 무덤이 만족할 때까지 세상의 스펙터클을 계속 바라보면서 찾고 싶은 것을 찾으려고 하지만 결코 찾을 수가 없다. 수십억 개의 눈이 스펙터클 마법사들과 그들이 최근에 제공한 것들에 사로잡혀 있다.

문제를 더욱 복잡하게 만드는 것은 나 자신의 자의식self-awareness이다. 나는 나의 타락한 마음이 허영에 쉽게 사로잡힌다는 것을 알고 있다. 미디어 시대로부터 격렬한 공격을 받고 내 자신의 마음을 생각하면서 불안감을 느낄 때, 나는 한 가지 결심과 한 가지 기도를 하기 위해 하나님의 말씀을 펼쳐 든다.

첫째, 시편 저자는 시편 101편 3절에서 개인적인 결심을 피력했다. 그는 "나는 비천한 것을 내 눈 앞에 두지 아니할

---

1. 요일 2:15 –17.

것이요"라고 말했다. 여기에서 "비천한"worthless이라는 용어는 복합어다. 문자적으로 "이익이 없는"이라는 뜻이다. 이것은 "쓸모없고, 무익한 것"을 의미한다.[2] 시편 저자가 "비천한"이라고 말한 것은 그저 중립적인 것을 말하는 것이 아니다. 이것은 하나님이 보시기에 악한 것을 가리킨다. 우리는 영원하고 영광스러운 부의 상속자들이다. 무가치한 것을 바라는 우리의 욕망은 하나님을 직접 거스르는 것이다. 따라서 시편 저자는 "내 영혼을 유익하게 하지 않을 것은 내 눈 앞에 두지 않겠다."고 결심한 것이다.

둘째, 시편 저자는 시편 119편 37절에서 하나님께 "내 눈을 돌이켜 허탄한 것을 보지 말게 하시고 주의 길에서 나를 살아나게 하소서"라고 기도했다. 여기에서 "허탄한 worthless 것"은 "물질적으로나 도덕적으로나 아무런 실체가 없고, 비현실적이며, 무가치한 것"을 가리킨다.[3] 이것은, 결

---

2. Francis Brown, Samuel Rolles Driver, and Charles Augustus Briggs, *Enhanced Brown-Driver-Briggs Hebrew and English Lexicon* (Oxford, UK: Clarendon Press, 1977), 116.

3. Victor P. Hamilton in R. Laird Harris, Gleason L. Archer Jr., and Bruce K. Waltke, *Theological Wordbook of the Old Testament* (Chicago: Moody

국 공허한 것으로 드러나게 될 약속을 제공하는 것은 무엇이 되었든 절대로 신뢰하지 말라는 경고다.

"허탄한 것" 안에는 불순종, 우상 숭배, 도덕적 악, 포르노, 거짓말, 속임수와 같은 심각한 죄들이 대거 포함되어 있지만 그런 죄들을 넘어서서 더 넓은 범위로 확대된다. 허탄한 것은 거짓된 것을 의미한다. 여기에서 거짓된 것은 노골적인 거짓이 아니라 부풀려진 거짓, 곧 내게 무언가를 약속해 내 안에서 기대감을 싹트게 만들었지만 결국에는 그것을 충족시켜주지 못하는 것을 가리킨다.[4] "허탄한 것"은 모든 형태의 도덕적인 악을 포괄하는 거대한 의미를 지닌 구약성경의 용어다. 그렇다면 "허탄한 것"은 도덕적인 악을 가리키는 우리 시대의 용어로서 똑같이 적합할까?

허탄한 것을 멀리하겠다는 결심은 "우리의 삶에 가치와 의미와 목적을 부여하는 것이 무엇일까?"라는 질문을 진

Press, 1999), 908.

4. Jerry Shepherd in Willem VanGemeren, ed., *New International Dictionary of Old Testament Theology and Exegesis* (Grand Rapids, MI: Zondervan, 1997), 53.

지하게 생각하겠다는 것을 의미한다. 성경적인 윤리는 단순히 옳지 못한 일을 피하는 것이 아니라 우리의 삶에 의미와 목적과 기쁨을 부여하는 영원한 것들을 보고, 즐기고, 받아들이는 법을 배우는 것을 뜻한다. 허탄한 것을 보지 않겠다고 굳게 결심하려면 나의 양심을 성경에 맞추어야만 한다. 게다가 나를 대신해 나서주실 하나님을 필요로 하는 순간에 허탄한 것들이 나를 유혹하기 위해 다가올 것이라는 사실을 잊지 않겠다고 결심해야만 한다.

텔레비전에 장착된 "브이 칩$^{V-chip}$"은 음란물을 차단한다. 아마도 이제는 "허탄한 것$^{worthless\ things}$"을 차단하는 "더블유 칩$^{W-chip}$"이 필요할 듯하다. 그러나 그런 기술은 존재하지 않는다. 앞으로도 영원히 존재하지 않을 것이다. 우리는 눈을 하나님께로 돌려야 한다. 아버지가 지나치게 흥분한 아들의 얼굴을 양손으로 부드럽게 붙잡아 자기를 주시하게 하는 것처럼 하나님은 우리의 눈을 허탄한 것에서 돌이켜 다른 방향을 바라보게 하신다. 우리에게는 그런 아버지가 계신다. 우리는 그분을 향해 영원한 가치를 지닌 것으

로 우리의 마음을 가득 채워달라고 기도할 수 있다.[5] 하늘
에 계신 아버지를 즐거워해야만 우리의 눈과 마음을 허탄
한 것에서 돌이켜 영원한 것에 관심의 초점을 맞출 수 있
다. 이것이 시편 저자가 시급히 필요로 했던 결심이자 기도
였다. "하나님, 제 머리를 붙잡아 무익한 것들을 보지 않도
록 돌려주시고, 지극히 뛰어난 주님의 영광을 봄으로써 주
님의 길에서 나를 살아나게 하소서."

---

5. 시 119:33 – 40.

§26 자기가 새겨 만든 것을 바라보는 자

구약성경의 역사 가운데서 가장 무가치한 것으로 간주되어 가장 엄격하게 금지되었던 것은, 손으로 들고 다닐 만한 크기의 새겨 만든 우상이었다. 그것들은 종종 금이나 은을 입힌 동물의 형태를 띠었다. 우상들은 새겨 만든 입과 눈과 귀를 가지고 있었지만 말도 못하고, 보지도 못하고, 듣지도 못했다.

우상은 벙어리이지만 거짓을 말한다.[1] 우상은 움직이지 못하지만 귀신의 힘을 지녔다.[2] 어떻게 이 모순되는 두 가지가 다 사실일 수 있을까? 그 이유는 "만든 자가 이 말하지 못하는 우상을 의지하기" 때문이다(합 2:18). 이런 이유로 선지자는 "나무에게 깨라 하며 말하지 못하는 돌에게 일어나라 하는 자에게 화 있을진저"(합 2:19)라고 말했다. 문제는 우상이라는 물건 자체가 아닌, 말 못하는 우상을 만든 사람의 의도에 있다. 우상이 위험한 이유는 예배자가 하나님

---

1. 고전 12:2; 합 2:18.
2. 시 115:4 – 8; 135:15 – 18; 사 46:5 – 7; 고전 10:19 – 22; 계 9:20 – 21.

안에서 인내하지 못하고, 자신의 희망과 기쁨을 손으로 만든 우상에게 전이시켜 그것을 향해 "깨어나라, 일어나라."라고 말하기 때문이다. 이런 식으로 인간의 열망과 기대감이 죽은 우상에게 생명을 불어넣어 그것을 기만적인 거짓말쟁이로 만든다. 살아 계신 우주의 하나님 안에서만 발견할 수 있는 기쁨과 안전함을 우리가 만든 스펙터클에게서 기대하는 순간, 새겨 만든 것들이 멀리 떨어져 있는 것처럼 보이는 신을 가깝게 느껴지게 만드는 대체물로 바뀐다. 살아 계신 하나님은 자신의 자녀들에게 죽은 것들 안에서 희망을 찾지 말라고 명령하신다. 그분은 그들이 자기에게 모든 관심을 집중하고, 온 마음을 다해 자기를 힘써 찾고 추구하기를 바라신다.[3]

이미지는 항상 하나님을 대체한다. 우리 시대보다 이미지를 더 많이 만드는 시대는 일찍이 없었다. 우리의 CGI 이미지들은 구약 시대의 형상 제작자들이 만든 우상들보다 훨씬 더 낫다. 심지어 성인들을 묘사한 고대의 성상들도

---

3. 신 4:24, 29; 수 24:19, 23.

우리의 디지털 이미지만큼 실물과 똑같지는 못했다. "디지털 매체는 이미지를 실제보다 더 아름답고, 더 생동감 있고, 더 낫게 보이게 만드는 '형상의 반전'을 이루었다."[4] 우리의 사회적 우상들은 블록버스터 액션 영화, 실제처럼 느껴지는 가상 현실, 중독적인 비디오 게임, 항거하기 어려운 소셜 미디어 등이다. 우리의 문화는 온갖 거짓 신들을 만들어 하나님의 "사라짐"을 대체했다.

이런 스펙터클 긴장이 구약 시대에도 똑같이 존재했다. 십계명의 두 번째 계명은 어떤 형상이든 만들지 말라고 명령했고, 그것들을 예배하는 행위를 금지했다(출 20:4-6). 그 이유는 일단 형상이 가시적인 형태를 띠면 반응을 불러일으키기 때문이다. 우상들은 마치 하나님과 같은 기쁨이나 약속이나 희망을 줄 것처럼 보인다. 우상들은 우리를 온전하게 해줄 것처럼 보임으로써 마음을 세차게 잡아끌며, 인간의 악한 마음을 움직여 자기를 단순한 물건이 아닌 예배

---

4. Byung-Chul Han, *In the Swarm: Digital Prospects*, trans. Erik Butler (Cambridge, MA: MIT Press, 2017), 27.

의 대상으로 받아들이도록 유도한다. 이것이 바로 우상 숭배의 작동 원리다. 우상들은 항상 우리에게서 무언가를 요구한다. 그런데 하나님은 질투하시는 하나님이시다. 우리가 형상들을 통해 얻으려는 안전과 희망과 의미와 기쁨은 오직 하나님 안에서만 발견할 수 있으며, 따라서 하나님은 형상을 제작하는 행위를 금지하신다. "형상들은 그것을 만드는 사람의 목적이 아무리 순수하더라도 '그 자체의 생명'을 지니기 마련"이기 때문이다.[5] 이것이 금송아지를 빚는 것과 같은 금지된 형상 제작이 마치 그것이 계획되지 않은 우발적인 것처럼 느껴지고 우상이 스스로 생겨난 것처럼 느껴지는 이유다.[6]

인간의 스펙터클 제작은 마술, 마법, 주술과 같다. 그것은 우리의 내적 갈망으로부터의 반응을 요구하는 형상을 창조하는 것이다. 우상 숭배는 멀리 있는 신을 우리의 눈앞에 가져다주는 원상의 "텔레-비전tele-vision"과 다름없다. 그

5. W. J. T. Mitchell, *What Do Pictures Want? The Lives and Loves of Images* (Chicago: University of Chicago Press, 2005), 16.

6. 출 32:24.

러나 하나님은 금송아지를 통해 자기 백성에게 가까이 오지 않으신다. 그분은 성육신하신 성자의 스펙터클을 통해 가까이 다가오신다. 오늘날 두 번째 계명을 그리스도인의 삶에 적용하는 방법을 논의할 때는 항상 잠시 멈춰 서서, 원래의 금지 조항이 "예배를 받을 권한과 은밀한 삶을 관장할 권한을 독점하는 질투하시는 하나님, 곧 형상 제작의 권한을 홀로 독점하고 계시는 하나님에 대해 완벽하게 묘사하고 있는 것"은 아닌지 깊이 생각해봐야 한다.[7] 우상 숭배가 금지된 이유는 우상이 항상 우리에게서 무언가를 요구하기 때문이다.

예수님과 시편 저자와 모세와 선지자들은 모두 은밀한 삶으로 들어가는 길을 알고 있었다. 커다랗게 뚫려 있는 우리의 거대한 욕망 안으로 우리의 마음을 사로잡는 새로운 이미지와 스펙터클이 들어간다. 인간의 마음은 눈으로 보는 것을 향하기 마련이다. 오늘날의 형상 제작자들은 섹스, 부, 권력, 인기와 같은 세상의 디지털 스펙터클 속으로 돌

---

7. Mitchell, *What Do Pictures Want?*, 16 – 17.

진한다. 그런 형상들이 우리 안에 들어와서 우리를 빚고, 우리의 생각과 예배를 위한 하나님의 계획과 경쟁하며 우리의 삶을 형성한다.

§27 영화가 너무 재미있어 보다가 죽을 텐데 그래도 보겠는가?

데이비드 포스터 월리스는 자신의 소설 《*Infinite Jest*》(무한한 흥미)에서 위의 질문을 제기했다. 이 셰익스피어 풍의 소설 제목은 어지럽게 전개되는 이야기 속에 등장하는 한 영화의 제목에도 똑같이 사용되었다.[1] 소설 속에 나오는 영화 〈Infinite Jest〉는 그 어떤 오락물도 경쟁할 수 없는 방식으로 사람들의 마음과 눈길을 사로잡는다. 이 치명적인 영화는 소설 전체의 맥거핀McGuffin(다른 부차적인 주제들을 이끌어 가는 실마리) 역할을 한다.

　미국 정부는 이 중독적인 영화와 그 효과를 적극적으로 조사한다. 실험용 쥐처럼 한 남자가 의자에 몸이 묶인 채로 관자놀이에 전극판을 붙이고 그 영화를 보면서 클립보

---

1. David Foster Wallace, *Infinite Jest* (New York: Back Bay Books, 2006). 나는 이 장편 소설을 일반 독자들에게 추천하고 싶지는 않다. 수학에 능통한 한 소설가가 바츨라프 시어핀스키의 도형(프랙탈 삼각형)에서 영감을 받아 쓴 이 소설은 인간의 본성에 관한 몇 가지 뛰어난 통찰력이 돋보이기는 하지만, 내용이 너무 길고 지루하고 복잡하기 때문에 처음 읽으면 실망할 사람들이 많을 것이 틀림없다.

드를 들고 있는 연구자들에게 자기가 첫 장면에서 보는 것을 설명한다. 그는 "거의 치사율에 가까운 전압이 전극판을 통해 투입되어도 그 오락물에서 눈을 돌리지 못할 정도로 자신의 정신적, 영적 에너지가 하강하였다고 고백한다." 사람들이 그 영화를 보고 나서도 그것을 반복해서 보기만을 원하자 모두 정신 병동에 보내졌다. "사람들의 삶의 의미가 그런 좁은 집중점에만 국한되었기 때문에 다른 활동이나 관계는 그들의 관심을 조금도 끌지 못했다. 그들에게는 대략 한 마리 나방과 같은 정도의 정신적, 영적 에너지가 남은 듯했다."[2]

만일 영화가 그렇게까지 재미있더라도, 곧 치명적일 정도로 흥미롭더라도 당신은 그것을 보겠는가?

월리스는 1996년의 인터뷰에서 "이것은 사람들과 오락물 간의 관계를 과장해서 풍자한 소설입니다. 그러나 나는 이것이 현실과 그다지 크게 다르다고 생각하지 않습니다." 라고 말했다. 월리스의 말은 큰 경종을 울렸다. 소설 속에

---

2. Ibid., 548 – 49.

서 미국과 캐나다의 긴장 관계는 캐나다 측에서 그 영화를 일종의 극적인 속임수로 활용해 미국에 방영하는 상황에까지 다다른다. 그것은 미국이 "달콤한 재미에 취해 죽게 하려는" 전략이었다.[3]

월리스는 소설 속에서 한 편의 유혹적인 영화를 미국의 오락 산업을 가리키는 비유로 사용했다. 미국 정부는 그 영화를 상세히 설명하여 대중의 호기심을 발동시키면 그들은 그것을 보려고 달려갈 것이 뻔하기 때문에, 그렇게 하지 않으면서 영화 시청을 금하도록 경고를 발해야 하는 난감한 상황에 직면했다. 그 영화에 관한 한, 스포일러 작전은 무용지물에 불과했다.

월리스는 이렇게 말했다. "소설의 복잡한 내용은 정부가 실제로 그렇게 많은 일을 할 수 없다는 사실로 간단히 축소할 수 있습니다. 흥밋거리와 엔터테인먼트와 스포츠와 어떤 관계를 맺어야 할지에 관한 결정은, 우리 자신과 우리

---

3. Kunal Jasty, "A Lost 1996 Interview with David Foster Wallace," medium.com, December 21, 2014.

의 마음 사이에 존재하는 매우 사사롭고 개인적인 문제입니다. 사실, 정부에는 상당히 하이코미디 같은 모습이 있습니다. 그들은 어떻게 해야 할지 궁리하면서 양손을 쥐어짜며 어슬렁거립니다. 무엇에 우리 자신을 내주고, 무엇에 내주지 않을지를 결정하는 것은 개인인 우리의 내면에서 이루어져야만 할 일입니다."[4]

소설이 제기하는 핵심적인 질문 가운데 하나는 조금 퉁명스러우면서도 솔직하다. 그것은 "미국 시민들은 자신을 죽음에 이르도록 즐겁게 만드는 오락을 자제할 재간이 있는가?"라는 질문이다. 월리스는 "비디오 오락물은 갈수록 발전을 거듭하고 있습니다. 우리가 이런 문화 속에 살면서 받아들일 것과 거절해야 할 것을 우리 자신이나 자녀들에게 과연 잘 가르치고 있는지 확실하지 않습니다."라고 말했다.[5] 이런 결정은 입법화할 수 없다. 이것은 개인적인 결정을 요구하는 문제다.

---

4. Tony Reinke, "David Foster Wallace on Entertainment Culture," tonyreinke.com, March 5, 2018.

5. Ibid.

월리스는 "우리 문화 안에는, 쾌락이 위험하며, 어떤 쾌락은 다른 쾌락보다 낫고, 인간 됨의 일부는 우리 삶 속에 얼마나 적극적으로 참여할 것인지 결정하는 것을 의미한다는 것을 자기 자신에게 가르치기 두려워하는 경향이 있습니다."라고 말했다.[6]

월리스는 스스로를 텔레비전 중독자로 일컬었다. 그는 자신에게 비디오 오락물을 조금만 받아들일 수 있는 자제력이 부족한 것을 한탄했다. 그는 마침내 텔레비전이 과도한 시청을 부추길 위험이 있다는 사실을 깨닫고 그것을 없애 버렸다. "내가 텔레비전을 소유하지 않는 이유는, 그게 있으면 늘 그것만 볼 것이기 때문입니다."[7] 그는 또 "나는 텔레비전을 소유하고 있지 않습니다. 그러나 그것은 텔레비전의 잘못이 아닙니다. 내가 텔레비전을 보지 않으려는 이유는 그것이 비생산적인 일이라는 죄책감을 느끼기 때문입니다. 죄책감이 나를 불안하게 만들지 않으면, 나는

---

6. Ibid.

7. ZDFinfo, German public television station, interview with David Foster Wallace, November 2003.

나를 산만하게 해 만족을 얻을 요량으로 텔레비전을 훨씬 더 많이 보게 됩니다. 그러면 또 우울해집니다. 텔레비전과 나의 관계는 나를 우울하게 만듭니다."라고 말하기도 했다.[8]

우리 가운데 어떤 사람들은 텔레비전을 내다 버려야 할 것이다. 그러나 우리는 너 나 할 것 없이 미디어에 대한 주의력을 길러야 한다. 월리스는 "나의 삶에서 발생하는 문제의 대부분은 내가 원하는 것과 내가 필요로 하는 것을 혼동하는 것과 관련이 있습니다."라는 말로, 단순하면서도 매우 심오한 요점을 제시했다.[9]

나는 월리스가 그리스도인이었다고 생각하지 않는다. 그러나 그는 미디어 시대의 깊은 영적 갈등을 옳게 감지했다. 악한 미디어를 섭취하면 우리의 거룩한 애정affection은 소멸한다. 도덕적으로 중립적인 미디어도 너무 과도하게 받아들이면 우리의 거룩한 애정affection의 강도가 약화된

8. Reinke, "David Foster Wallace on Entertainment Culture."

9. ZDFinfo, German public television station, interview with David Foster Wallace.

다. 우리는 저급한 만족을 가져다주는 것들을 배격하고, 좀
더 고상한 즐거움을 추구하는 법을 배워야 한다.[10] 오늘날
의 쇼와 영화와 게임은 화면, 즉 월리스가 "왜곡된 종교적
충동"으로 일컫는 비디오 중독에 빠져들게 만든다. 그것은
오직 하나님만을 위해 바쳐야 할 자아를 헛되이 낭비하는
것이다. 우리에게 사랑을 되돌려주지 않을 미디어에 우리
의 영혼을 바치는 것은 우상 숭배와 다름없다.[11]

비디오 게임의 가장 큰 문제는 게임이 본질적으로 악하
다는 것이 아니라 중독될 만큼 재미[narrative]있다는 것이다.
게임은 우리의 사회적 경쟁심과 서사에 대한 사랑과 문제
해결에 관한 흥미를 일깨운다. 게이밍 프랜차이즈가 성장
하면서 비현실적인 디지털 전경이 점점 우리를 통째로 에

---

10. "오락물의 바다에 맞서 무기를 들고 싸울 준비가 되어 있는 사람이 누구인가?"라는 닐 포스트먼의 수사학적인 질문에는 언뜻 이상해 보이는 대결 상황이 잘 함축되어 있다. Neil Postman, *Amusing Ourselves to Death: Public Discourse in the Age of Show Business* (New York: Penguin, 2005), 156.

11. David Lipsky and David Foster Wallace, *Although of Course You End Up Becoming Yourself: A Road Trip with David Foster Wallace* (New York: Broadway Books, 2010), 82.

영화가 너무 재미있어 보다가 죽을 텐데 그래도 보겠는가? **197**

워싼다.

텔레비전이 문제인 이유는 그것이 본질적으로 악하기 때문이 아니라 그것이 우리가 원할 때 우리가 원하는 것을 정확하게 제공하는 능력이 뛰어나기 때문이다. 선택할 수 있는 플랫폼이 계속해서 증가하는 이유는 수요가 있기 때문이다.

우리는 시각적인 문화를 이끄는 디지털 제작자들의 기술과 능력과 영향력이 엄청난 수준에 도달한 시대에 살고 있다. 그들은 그 어느 때보다도 더 탁월하다. 더욱이 그들은 갈수록 더 발전하고 있다. 오늘날의 형상 제작자들은 우리 안에서 환상을 불러일으킨다. 그것은 그 자체로는 악하지 않지만 일상적인 삶보다 더욱 강력한 중독력을 지니고 있다. 나의 일상생활은 전자 예술, 닌텐도, 할리우드, HBO(영화를 전문적으로 방송하는 미국의 유선방송―편집주)의 화상 마술사들과 경쟁할 수 없다. 오늘날의 디지털 스펙터클은 더욱 복잡하고 다채로워지면서, 우리의 시간을 더 많이 요구하고 있고, 우리의 삶을 더 많이 잠식해 들어오고 있다.

심지어 우리의 육신이 감각을 잃고, 꿈결 같은 혼수상태에 빠져든 채 화상 앞에서 "느긋하게 쉴" 때조차도 우리의 심신은 서서히 고갈되어 간다. 무언가가 우리에게서 빠져나가고 있다. 오락물이 우리의 영적 에너지를 빨아먹고 있다고 말한 월리스는 참으로 심오한 발견을 한 셈이다. 오락물을 과도하게 즐기면 영혼의 활력이 고갈된다. 나의 시간이 제로섬 게임인 것처럼 나의 "영적 에너지"도 그러하다. 즉, 애정affection과 경이로움을 감지하는 나의 대역폭도 제로섬 게임이다.

월리스는 "앞으로 15년이나 20년이 매우 두려우면서도 흥미로운 시간이 될 것이라고 생각한다. 그 기간에 우리는 엔터테인먼트와 즐거움과 재미와 우리의 관계를 재평가하게 될 것이다. 그 이유는 그것이 너무나 재미있고, 또 큰 압력으로 다가올 것이 분명하므로 결국 살아남으려면 그것에 대한 올바른 태도를 모색할 수밖에 없을 것이기 때문이다."라고 말했다.[12]

---

12. Reinke, "David Foster Wallace on Entertainment Culture."

§28 항거할 수 있는 스펙터클

제2계명과 포스트모던 시대의 한 소설가의 증언은 정확히 일치한다. 그것은 우리의 관심을 사로잡는 스펙터클이 우리에게서 중요한 것을 빼앗아 간다는 것이다. 극단적인 예를 들면, 공포 영화는 관객으로부터 전율을 느끼게 하는 두려움과 짜릿한 비명을 자아낸다. 관객의 내면에서 공포심을 불러일으키는 것이 그것의 매력이다. 시각적인 스펙터클은 어떤 것이든 우리에게서 무언가를 요구한다. 종교적인 예를 하나 들어보자. 미술사가인 미첼의 말에 따르면 동방 정교회 교회 안에 있는 시각적인 형상들은 우리의 내면에서 무언가를(우리의 숭앙심과 사랑은 물론, 심지어는 입맞춤까지) 불러낸다.

그는 "물론, 이것은 그림들이 그 자체의 생명을 지니고 있다는 것을 전제로 한다. 그것은 반쯤은 살아 있다. 인형을 가지고 놀 때나 인형극을 볼 때 그것이 실제로 살아 있다고 생각할 만큼 어리석은 사람은 아무도 없다. 그러나 반쯤 의식이 있는 상태로, 형상들이 마치 우리를 바라볼 수 있고 우리에게 자기들의 의도나 원하는 것을 말할 수 있는 것처럼 그것들과 관계를 맺는 것은 대단한 경험이다."라고 말했다.[1] 모든 그림은 우상처럼 우리 앞에 자신의 필요와 요구와 갈망을 제시한다. 미첼은 이렇게 말했다. "이상하게 들릴지 몰라도 우리는 그림들이 무엇을 원하는지 묻지 않을 수 없다. 이것은 우리에게는 익숙하지 않은 질문이다. 이것이 우리를 불편하게 만드는 이유는 이것은 우상 숭배자가 묻곤 했던 질문, 곧 속된 점술 행위를 통해 해석을 시도해야 하는 질문이기 때문이다. 형상들은 우리에게서 무엇을 원하는가? 그것들은 우리를 어디로 이끄는가? 그것들이 결여하고 있는 것, 곧 그것들이 우리에게 충족시켜 달라고 요구하는 것은 무엇인가? 우리는 그것들에게 어떤 욕망을 투사하고, 그것들을 통해 그 욕망이 우리에게 다시 투사되었을 때는 또 어떤 형태를 띠는가? 그것들은 우리에게 무엇을 요구하고, 구체적으로 어떻게 느끼고 행동하도록 유혹하는가?"[2] 시각을 지배하는 오늘날의 문화 속에서 모

---

1. W. J. T. Mitchell, "W. J. T. Mitchell—A Baker-Nord Center for the Humanities Interview," youtube.com, March 23, 2008.

2. W. J. T. Mitchell, *What Do Pictures Want? The Lives and Loves of*

든 스펙터클은 지배와 유혹과 설득과 속임수의 잠재적인 도구이자 수단이 된다.

드 젠고티타도 같은 결론에 도달했다. 그는 노골적인 언어로 "모든 것이 우리의 생식샘과 미각 세포와 허영심과 공포를 곧바로 자극하는 메시지를 보내고 있다. 그러나 괜찮다. 이런 메시지는 깊이 침투하려고 하지만 그저 일시적일 뿐이다. 모든 것이 재미에 지나지 않는다. 그것들이 요구하는 것은 몇 초간의 관심이다."라고 말했다. 그는 스펙터클의 시대에 산다는 것은 곧 우리를 직접 겨냥해 만들어진 "심리적 사우나" 안에서 사는 것이라고 덧붙였다.[3] 우리의 삶 속에는 너무나도 많은 스펙터클이 존재한다. 하나의 스펙터클이 지나가고 나면 또 다른 스펙터클이 계속해서 이어지면서 우리를 끊임없이 흔들어놓는다. 전에는 너무 충격적일 만큼 상스러웠던 것이나 눈으로 보기에 민망했던 것도 순간적으로 나타났다가 사라지는 스펙터클의

Images (Chicago: University of Chicago Press, 2005), 25.

3. Thomas de Zengotita, *Mediated: How the Media Shapes Your World and the Way You Live in It* (London: Bloomsbury, 2006), 21.

시대에는 얼마든지 용납될 수 있다. 이미지들이 우리를 흠뻑 적시는 감각의 소낙비처럼 마구 쏟아졌다가 순간적으로 사라진다. "무엇이 문제인가?"라는 생각이 떠오를 수도 있다. 모든 것이 다 시시하며 일시적이다. 우리에게 충격을 주는 것은 아무것도 없다. 새로운 욕정이나 욕구가 잠시 일었다가 곧 사라진다. 잠깐의 짜릿한 전율을 느끼면 그만일 뿐, 그 이상 지속되는 스펙터클은 필요하지 않다. 우리는 그것들이 오래 머물기를 바라지 않는다. 이미 새로운 스펙터클이 우리를 향해 다가오고 있기 때문이다.

스펙터클의 진정한 힘은 그것이 우리에게 무언가를 줄 것이라는 우리 자신의 생각에서 비롯한다. 미첼은 "이미지들은 확실히 무기력하지 않다. 그러나 그것들은 우리가 생각하는 것보다 훨씬 약할 수 있다."고 말했다.[4] 스펙터클은 자기가 전부라고 우리를 설득하려 한다. 그러나 그렇지 않다.[5] 이미지도 고대의 우상처럼 살았으나 실상은 죽었고,

---

4. Mitchell, *What Do Pictures Want?*, 33.

5. Ibid., 2.

강력하나 연약하며, 유의미하면서도 무의미하다.[6] 미첼의
요점은 우리를 압박하는 이미지의 힘이 우리가 그것에 쏟
아붓는 관심에서 비롯한다는 것이다.

따라서 우리 시대에 어디서나 접할 수밖에 없는 스펙터
클은 바이럴 스펙터클이 된다. 그것이 고유한 힘을 지니고
있기 때문이 아니라 우리의 많은 관심을 사로잡음으로써
우리에 대한 영향력을 증대시키기 때문이다. 관심은 힘을
지닌 새로운 원자재이며, 바이럴 스펙터클은 그 생산품이
다. 따라서 스펙터클을 무시하면 그 힘은 무력화된다. 디지
털 스펙터클은 나무나 은으로 제작된 손바닥만한 고대의
형상들과 이 특성을 공유한다. 그것들은 그 자체로는 아무
런 의미가 없는 무력한 물체에 불과하다. 다만 예배자가 거
기에 구원적인 희망을 부여하는 순간, 우상들은 그 배후에
있는 귀신의 힘과 함께 살아난다. 이것이 하나님이 우상을
정죄하시는 이유다.

---

6. Ibid., 10.

§29 요약 및 적용

나는 이전의 세계사 안에 존재했던 그 어떤 삶과도 나의 삶을 맞바꾸지 않을 것이다. 나는 느린 화면으로 중계되는 운동선수들의 위업, 소셜 미디어의 관계망, 영광스러운 화상 기술을 자랑하는 오늘날의 기술 문명 시대의 삶을 경이롭게 생각한다. 그러나 나는 하나님이 나를 어떤 시대에 살게 하셨든지 간에, 영원한 현실을 기억하고 건전한 저항력을 발휘하며 살아야 한다는 것을 알고 있다. 이런 긴장 관계는 적용의 문제를 생각하게 만든다. 서로 경쟁하는 스펙터클의 시대에 살면서 그리스도 안에서 생명력 넘치는 삶을 영위하려면 어떻게 해야 할까? 그 방법은 모두 열 가지다.

1. **그리스도인들은 무가치한 것들을 무가치하다고 외쳐야 한다.** 그 이유는 그것들이 말 그대로 무가치하기 때문이다. 스펙터클은 육신의 정욕을 자극해 무가치한 것을 좇게 만들 때가 많다. 어떤 문화 안에도 아우구스티누스가 그의 시대에 목격했던 스펙터클 긴장이 존재한다. 그것은 "진리

의 스펙터클"과 "육신의 스펙터클" 간의 대립이다.[1] 우리의 생각은 이 둘 중 하나로 가득 채워진다. 우리는 정치, 전쟁, 엔터테인먼트, 소셜 미디어의 스펙터클이 거짓 선전 선동이나 육신의 정욕을 부추기는 것을 감지할 때 담대하게 일어나 그 실체를 폭로해야 한다. 스펙터클의 시대에 스펙터클 산업의 신기루를 꿰뚫어 보고 무가치하다고 외치는 사람은 별로 없다. 그리스도인들은 선지자처럼 나서서 스펙터클의 가면을 벗겨 그 무기력한 실체를 적나라하게 드러내야 한다. 휘장을 제치고, 부도덕한 스펙터클의 배후에 도사리고 있는 귀신의 세력, 특히 음욕의 스펙터클을 통해 우리의 시대를 지배하고 있는 악의 세력을 드러내는 것이 우리의 사명이다. 하나의 노골적인 섹스 장면이 영화 전체를 망칠 수 있고, 하나의 노골적인 에피소드가 텔레비전 시

---

1. Augustine of Hippo, "Sermons on Selected Lessons of the New Testament," in *Saint Augustine: Sermon on the Mount, Harmony of the Gospels, Homilies on the Gospels*, ed. Philip Schaff, trans. R. G. MacMullen, vol. 6, A Select Library of the Nicene and Post-Nicene Fathers of the Christian Church, First Series (New York: Christian Literature Co., 1888), 245.

리즈 전체를 더럽힐 수 있다는 사실을 기억해야 한다. 그리스도인들은 우리 시대의 가장 뛰어난 스펙터클 제작자들이 우리를 항상 실망시킨다는 사실을 그 누구보다 잘 알고 있다. 이런 긴장 상황은 항상 존재한다. 우리는 우리를 인도하는 위대한 스펙터클, 곧 십자가에 달리신 그리스도를 결코 잊어서는 안 된다. 그분은 못에 박혀 나무에 매달리셨고, 인류의 비웃음과 조롱을 당하셨다. 그러나 그분의 스펙터클이 모든 무가치한 것들에 대한 중독을 깨뜨린다.

2. 우리는 눈으로 죄를 짓지 않도록 조심해야 한다. "만일 네 눈이 너로 실족하게 하거든"이라는 표현은 예수님이 사용하신 표현들 중에서 가장 거친 표현 가운데 하나다. 이 표현은 복음서에서 세 차례 사용되었다.[2] 우리의 눈은 죄의 행위를 부추길 뿐 아니라 죄의 형상을 받아들인다. 눈을 중립적이거나 무해한 기관으로 생각할지도 모르지만 사실은 그렇지 않다. 눈은 고유한 욕구과 욕망을 지니고 있다. 악한 눈은 죄를 찾아 무절제하게 이곳저곳을 두리번거

---

2. 마 5:29; 18:9; 막 9:47.

린다. "안목의 정욕"이라는 문구를 기억해야 한다(요일 2:16). 왜냐하면 심지어 구원받은 사람의 눈도 정욕이 가득하고, 만족을 모를 뿐 아니라, 부와 섹스와 권력과 폭력의 스펙터클에 민감하기 때문이다.[3] 우리의 눈은 마음을 지키는 역할을 해야 한다. 그렇지 않으면 마음이 무방비 상태로 노출되고 만다. 어느 청교도가 말한 대로 눈을 지키지 않으면 마음을 지킬 방법이 없다.[4]

3. 우리는 무가치한 스펙터클에 조종당하지 않도록 주의해야 한다. 청교도들은 엔터테인먼트 산업을 파괴하려고 시도하지 않았다. 청교도들은 공공 정책이 문제가 아니라 개인적인 욕구와 욕망이 문제의 핵심이라는 것을 잘 알고 있었다. 그들은 아름다운 것을 인식할 줄 알았고, 인간의 내면에 있는 죄가 음란한 욕망을 부추기고, 삶을 낭비하게 만드는 나태함을 부추긴다는 사실을 인지했다.

영혼은 적응력이 있다. 영혼은 자기가 즐거워하는 대상

---

3. 전 1:8; 4:8; 잠 27:20; 사 33:15; 벧후 2:14.

4. Thomas Manton, *The Complete Works of Thomas Manton* (London: James Nisbet, 1872), 6:390.

에 자기를 순응시킨다. 신학자 존 파이퍼는 이렇게 말했다. "하찮은 것을 계속 받아들이면 영혼이 오그라들고, 그것에 익숙해지며, 그것이 정상인 것처럼 느껴진다. 어리석은 것이 재미있는 것이 되고, 재미있는 것이 즐거운 것이 되고, 즐거운 것이 영혼을 만족시키는 것이 된다. 그러다 보면 결국 하나님을 위해 창조된 영혼이 하찮은 것을 편안하게 느낄 만큼 작게 오그라든다."[5] 우리의 마음이 이 세상의 현란하고 하찮은 스펙터클에 오랫동안 현혹되다 보면 그리스도를 즐거워하는 면에서 성장할 수 없게 된다. 그러나 그리스도를 바라보면 그분의 영광이 우리의 마음을 만족하게 하고, 그분을 더 많이 만끽할 수 있도록 우리의 갈망을 확장시키게 된다. 우리는 세상에 있는 한, 우리의 눈을 가장 많이 사로잡는 것과 우리의 영혼을 가장 많이 살찌우는 것 사이에서 긴장을 느끼며 살아간다.

폭력과 성애는 역사 대대로 마음의 형성에 가장 강력한

---

5. John Piper, *Pierced by the Word: 31 Meditations for Your Soul* (Sisters, OR: Multnomah, 2003), 77.

영향력을 미치는 두 개의 스펙터클이었다. 음란한 눈을 경계하실 때, 예수님은 참으로 대담한 선언을 하신다. 사람들은 오랫동안 폭력과 섹스를 묘사한 허구적인 장면을 스크린상으로 보는 것과 실제로 폭력과 욕정의 행위를 하는 것을 연관시키려고 시도해 왔다. 그러나 실상, 폭력적인 비디오 게임이 10대 청소년들의 폭력을 증가시키지 않았고, 디지털 포르노도 10대 청소년들의 성적인 활동을 부추기지 않았다. 허구적인 폭력과 섹스는 마음의 욕구와 좀 더 직접적인 관계가 있다. 문제는 스펙터클이 죄의 실제 행동을 유발한다는 것이 아니다. 문제는 안목의 정욕에 있다. 숨은 음욕이 허구적인 폭력과 스크린상의 섹스를 묘사한 스펙터클을 통해 일시적으로 충족된다.

폭력적이거나 선정적인 장면이 허구일 뿐 아니라 심지어 도덕적인 이야기로 잘 포장되어 전달되더라도, 그런 장면들은 여전히 우리의 마음에 영향을 미친다. 키프리아누스는 극장에 관해 이렇게 말했다. 극장이 눈을 즐겁게 하기 위해 역사 속에서 자행된 모든 사악한 악을 스펙터클로 되살려 보여주기 때문에 "범죄는 세월이 아무리 많이 흘러도 결코 사라지지 않는다. 악은 시간이 지나도 결코 없어지지 않는다. 불경은 결코 망각 속에 묻히지 않는다."[6] 가장 큰 관심을 불러일으킨 역사상의 죄들이 사라지지 않고, 새로운 형태로 포장되어 미디어를 통해 우리의 눈에 끊임없이 재현된다면 우리의 삶에 어떤 일이 일어날 것인가?

성경은 단도직입적으로 말한다. 하나님의 아름다우심의 스펙터클을 볼 자는 누구인가? "악을 보지 않는" 눈을 가진 자이다(사 33:15-17). 하나님의 아름다우심의 스펙터클을 볼 자는 누구인가? 불필요한 폭력으로 자신의 감각적인 호기심을 충족시키지 않는 사람이다. 그런 사람은 심지어 허구적인 미디어를 통해서조차 그런 일을 하지 않는다. 하나님의 아름다우심을 바라보는 사람은, 하나님을 밀쳐내 그분이 더 멀리 있거나 우리의 삶과 아무런 관련이 없으신 것처럼 느껴지게 만들고 개인적인 불안감을 조장하는 미

---

6. Cyprian of Carthage, "The Epistles of Cyprian," in *Fathers of the Third Century: Hippolytus, Cyprian, Novatian, Appendix*, ed. Alexander Roberts, James Donaldson,and A. Cleveland Coxe, trans. Robert Ernest Wallis, vol. 5, The Ante-Nicene Fathers(Buffalo, NY: Christian Literature Co., 1886), 277.

디어의 볼거리를 끊임없이 탐하는 자가 아니다. "노골적인 충격만이 시청자들을 사로잡을 수 있는 확실한 전략"이라고 생각하는 뉴스 시대에 케이블 방송의 뉴스는 집단적인 공포심을 조장한다. 뉴스 제작자들은 난폭하고 무도한 행위를 이용해 "우리의 집단적인 코르티솔(스트레스 호르몬) 수치를 크게 높여 '투쟁-도피 반응fight-or-flight'의 긴장 상태를 계속 유지하게 만든다."[7] 그리스도인들은 우리의 감각을 조종하려는 이런 스펙터클 전략을 경계해야 한다.

4. **우리는 개인적인 결심을 굳게 다져야 한다.** 나는 오늘날의 문화 속의 그리스도인들이 정신을 좀먹는 엔터테인먼트, 불필요한 폭력, 외설적인 광고, 화면상의 알몸 노출 따위를 대규모로 거부하는 일이 곧 벌어질 것이라고 기대하지 않는다. 내가 이 책을 통해 바라는 희망은 역사적 사실들과 밀접하게 관련된다.

나는 아우구스티누스가 자신의 제자인 알리피우스에게

---

7. Douglas Rushkoff, *Present Shock: When Everything Happens Now* (Falmouth, ME: Current, 2014), 48 – 49.

고대의 유혈 스포츠의 유혹적인 힘을 경계하라고 간곡히 타일렀지만 아무런 소용이 없었다는 사실을 알고부터는 헛된 희망을 갖지 않기로 했다. 유명한 설교자 요한네스 크리소스토무스에 관한 일화를 읽을 때도 그러기는 마찬가지였다. 그는 엔터테인먼트에 미친 당시의 문화를 강력히 비판하면서 극장이나 전차 경주에 열광하지 말라고 경고했다. 하지만 교회가 끝나자마자 "그의 설교를 들은 많은 사람이 (불신자들과 똑같이) 재미있는 볼거리를 보기 위해 서커스 장소로 서둘러 달려갔다."[8] 키프리아누스도 "잔인한 눈의 정욕을 채우기 위해" 돈을 내고 검투사들의 경기를 보는 사람들을 엄히 견책했지만 아무 소용이 없었다.[9] 한 역사가는 로마의 스펙터클에 관해 이렇게 말했다. "그리스도인 논객들은 큰 열정과 뛰어난 웅변력에도 불구하고 검투

---

8. Philip Schaff, "Prolegomena: The Life and Work of St. John Chrysostom," in *Saint Chrysostom: On the Priesthood, Ascetic Treatises, Select Homilies and Letters, Homilies on the Statues*, ed. Philip Schaff, vol. 9, A Select Library of the Nicene and Post-Nicene Fathers of the Christian Church, First Series (New York: Christian Literature Co., 1889), 11.

9. Cyprian of Carthage, "The Epistles of Cyprian," 277.

사 경기에 부정적인 영향을 거의 미치지 못했다. 일반 그리스도인들은 그 경기를 비판하는 사람들의 말에 거의 아무런 주의도 기울이지 않았다."[10] 심지어 아우구스티누스의 강한 설득력조차도 그리스도인을 자처하는 사람들이 검투사 시대의 유혈 충동에 유혹되는 것을 막기에는 역부족인 것으로 드러났다. 사실이 이러니 새로운 성령의 역사가 일어나지 않는 한, 어떻게 디지털 시대의 스펙터클을 장악하고 있는 섹스, 음욕, 알몸 노출에 대해 대규모의 기독교적 저항이 있을 것이라는 희망을 품을 수 있겠는가? 그러나 개인적인 결심을 따라 살면서 교회 안에서 성령의 역사가 크게 일어나기를 기도할 수는 있다.

5. **우리는 순교자의 마음가짐을 취해야 한다.** 우리는 "화로다 나여!"라는 패배주의에 빠지지 말고, 세상과 구별되어야 한다. 샤논 로스는 세상 안에 살되 세상에 속하지 않은, 곧 세상과 그 모든 화려한 스펙터클에 대해서는 죽고,

---

10. Roger Dunkle, *Gladiators: Violence and Spectacle in Ancient Rome* (Abingdonon-Thames, UK: Routledge, 2008), 201-6.

그리스도 안에서는 살아 있는 "산 순교자"가 되라고 권고
했다(골 2:20 참조). 산 순교자가 된다는 것은 지배적인 스펙
터클 산업과 소비자주의를 따르는 삶을 의식적으로 거부
하고, 스펙터클과 소비 중심적인 세상을 전략적으로 멀리
한 채, 그리스도의 가치를 증언하고, 공동체를 우선시하며,
절제하는 삶을 사는 것을 의미한다.[11]

스펙터클들이 서로 경쟁하는 상황 속에서 영적 전쟁이
벌어지고 있다. 사탄은 무가치한 것들로 육신의 눈을 가득
채워 마음의 눈을 멀게 만든다. 오늘날 인간의 마음을 가리
는 마귀의 휘장은 화소pixel의 휘장이며, 영적 속박을 야기
하는 그의 사슬은 세상의 극장과 굳게 결합되어 있다. 그러
나 적시에 스펙터클을 소비하는 것으로 세상 돌아가는 일
에 뒤처지지 않았는지 여부를 평가하는 오늘날의 문화 속
에서, 그리스도의 죽음의 스펙터클은 사탄의 중요한 속박
의 수단인 이 세상의 스펙터클 산업으로부터 우리를 영원

11. Chanon Ross, *Gifts Glittering and Poisoned: Spectacle, Empire, and Metaphysics* (Eugene, OR: Cascade, 2014), 109.

히 해방시켰다.

고대의 로마에서처럼 오늘날의 스펙터클 제작자들도 대중이 좋아하는 것들을 추구한다. 데이비드 포스터 월리스가 지적한 대로, "텔레비전이 가장 탁월하게 잘하는 것은 다수의 사람이 원하는 것을 찾아내 제공하는 것이다(사실, 그것이 텔레비전이 하는 일의 전부다)."[12] 가장 강력한 다른 스펙터클에도 그와 동일한 마케팅 원리가 적용된다. 섹스, 부, 권력, 아름다움의 우상들이 오늘날의 세상을 지배하고 있다. 이 우상들이 주요 미디어를 통해 봇물 터지듯 쏟아지고 있다. 스펙터클의 목표는 관객들을 양산하고, 그들이 계속해서 자기를 지켜보게 하는 것이다. 이런 과정은 순환적이다. 대다수 사람들의 눈이 원하는 것을 가장 잘 반영하는 비디오가 가장 잘 팔린다. 비디오 등급제는 어린아이들을 음란한 욕망으로부터 보호하려는 시도이기도 하지만 성인들의 가장 외설적인 환타지를 부추기는 기능을 한다. 이런 "피

---

12. Stephen J. Burn, ed., *Conversations with David Foster Wallace* (Jackson, MS: University Press of Mississippi, 2012), 23.

드백 루프feedback loop"는 텔레비전이 문화의 집단적 욕구를 고해상도로 선명하게 드러내는 수단이라는 것을 의미하기도 한다. 텔레비전은 "대중의 형상imago populi"이다. 즉, 텔레비전은 사회의 트랜디한 취향을 시각적 형태로 구체화해 방송하는 역할을 한다.[13] 오늘날에는 이전과는 다르게 군중이 화면에 등장하는 것의 누구, 무엇을, 언제, 어디서, 왜를 결정한다. 군중의 취향이 엔터테인먼트의 제공물에 결정적인 영향을 미친다.

소셜 미디어는 개인의 목소리에 힘을 실어주는 것처럼 보일지도 모른다. 그러나 어떤 목소리를 듣고 어떤 목소리를 무시할 것인지를 결정하는 것은 군중의 관심이나 무관심에 달려 있다. 스펙터클의 시대는 군중의 시대다. 군중은 군중이 원하는 것을 얻는다. 군중이 바라바를 원하면 바라바를 얻는다. 그리스도인들은 군중을 불신하셨던 예수님의 태도에서 교훈을 얻을 수 있다.[14] 그리스도인들은 스펙터

---

13. David Foster Wallace, *A Supposedly Fun Thing I'll Never Do Again* (New York: Back Bay Books, 1998), 68.

14. 요 2:23 – 25; 6:15; 18:38 – 40.

클의 대중적인 경향에 저항할 수 있다.

오늘날에는 이전 세대의 "보지 말라"는 미디어 금지 원칙은 자취를 감추고, "보는 것을 멈추지 말라"는 미디어 세계의 새로운 법칙이 들어섰다. 우리를 타락시키는 것을 피하라는 권고는 더 이상 들리지 않고, 우리를 즐겁게 하는 것은 무엇이든 끊임없이 받아들이려는 욕망이 들끓는 상황이 되었다. 무한정한 미디어 생산이 억누를 수 없는 미디어 욕구와 조화를 이룬다. 이제는 육체적인 비만이 아닌 미디어 비만 상태가 되었다. 그러나 우리는 과거보다 더 행복하지 않다. 우리는 더 외롭고, 더 우울해졌다.

공허함은 조금도 누그러지지 않는데, 시각적인 오락물의 가치는 우리 문화를 계속해서 지배할 것이다.[15] 비디오 오락물은 사람들의 아편이자 현실 도피다. 그리스도인들은 입맛대로 고를 수 있는 디지털 스펙터클이 무한정 펼쳐지는 세상 속에서 정기적으로 하루나 일주일이나 보름씩이

---

15. David Foster Wallace: "I think it would be safe to say that television—or televisual values—rule the culture." Terry Gross, "David Foster Wallace: The 'Fresh Air' Interview," npr.org, March 5, 1997.

라도 자신의 주위에 있는 화상 기기들의 전원을 차단하는 것을 선택할 것이다. 우리는 스펙터클 금식을 함으로써 디지털 독성을 해독하는 한편, 우리가 스펙터클의 시대에서 거류민으로 살고 있다는 사실을 상기할 것이다.

6. **우리는 모든 스펙터클 긴장을 너무 빠르게 완화하려고 시도해서는 안 된다.** 그리스도인의 자유라는 이름으로 자기가 원하는 것은 무엇이나 보는 율법폐기론자든, 텔레비전과 영화와 화상을 모조리 거부하는 것을 기독교적인 거룩함의 증거로 내세우는 율법주의자든, 둘 다 어리석기는 마찬가지다. 세상의 스펙터클과 그리스도의 스펙터클은 서로 친구가 아니다. 그 둘은 정면으로 충돌할 때도 있고(즉 전자가 죄를 추켜세우고 돋보이게 할 경우), 때로는 해결되지 않는 긴장 관계를 유지할 때도 있다(전자가 우리의 시간과 관심을 빼앗는 경우). 이런 긴장 관계는 그리스도께서 영광스럽게 변화된 모습으로 세상에 다시 오실 때까지 계속될 것이다. 그때가 오기까지 우리는 문화적 압력 아래 살아가면서 성령과 계시를 통해 이 시대를 지혜롭게 살아갈 수 있는 도움을 얻게 될 것이다. 스펙터클의 시대에 대중 매체 이전의 책인 성경

의 가르침을 주의 깊게 듣고 적용한다면 참으로 크나큰 지혜를 얻을 수 있을 것이다.

그러나 우리는 서로 의견이 엇갈리더라도 형제자매들을 사랑으로 대하는 법을 배워야 할 필요가 있다. 손쉬운 해결책이나 필터 같은 것은 존재하지 않는다. 단순히 "TV-14"나 "PG-13" 이하 등급의 모든 영상을 채택하는 것으로 해결될 문제가 아니다. 어떤 문화적 스펙터클이든지 그 가치를 헤아려봐야 한다. 무엇이 참되며, 경건하며, 옳으며, 정결하며, 의로우며, 사랑받을 만하며, 칭찬받을 만한 스펙터클인지 생각해보라.[16] 그런 스펙터클은 받아들여도 되는 가치 있는 스펙터클에 해당한다. 스포츠나 영화나 콘서트나 연극을 관람하는 그리스도인들을 섣불리 정죄하지 않도록 조심해야 한다. 최근에 개봉한 블록버스터 액션 영화를 보고 싶어 하는 그리스도인 형제를 비난할 수 있을까? 그리스도인들에게 소셜 미디어나 스포츠 행사나 최근에 출시된 슈퍼히어로를 그린 영화를 볼 수 있는 자유가 있음

---

16. 빌 4:8.

을 인정하고, 그리스도에 대한 그들의 사랑을 의심하지 않을 수 있겠는가? 다른 사람들이 영적 활력을 잃지 않고 오늘날의 스펙터클을 즐길 수도 있다고 인정할 수 있겠는가?

한편, 어떤 그리스도인이 자신의 그리스도인 친구들이 지난주에 즐겁게 본 블록버스터 쇼를 언급하면서 깔깔대며 웃을 때 거리감을 느낀다면 어떻게 해야 할까? 어떤 그리스도인들은 많은 문화적 스펙터클을 멀리하려고 노력한다. 그들을 힐난할 수 있을까? 그들이 자신의 마음을 주의 깊게 살핀다고 해서 비난을 퍼부어야 할까? 아니면 대담한 문화적 스펙터클을 멀리하고 미래의 영광을 바라보는 그리스도인들을 조롱하지 않고 존중하는 성숙한 그리스도인이 되어야 할까?

"마음이 청결한 자(곧 거룩한 것에 관심을 기울이는 사람)는 복이 있나니 그들이 하나님을 볼 것임이요"라는 약속은 우리 모두에게 똑같이 적용된다.[17] 우리는 개인적으로 미디어를 다룰 때 그리스도께서 말씀하신 이 철저한 종말론적 약속

---

17. 마 5:8을 보라.

을 고려해야 한다.

오늘날의 스펙터클은 1세기의 세계가 제공했던 유혹을 훨씬 능가하는 막강한 수준을 자랑하고 있다. 이교 예술, 종교적인 건축물, 각종 문화적 연회, 연극, 올림픽 경기, 대중을 위한 유혈 스포츠 등, 1세기 로마 세계가 눈을 즐겁게 할 목적으로 무엇을 제공했든지 간에 우리 시대의 화상기기와 디지털 미디어는 스펙터클을 거의 무한정 제공하고 있다. 우리의 눈길을 사로잡기 위해 경쟁하는 것들을 능동적으로 제어하지 않으면, 모든 도시에 마련되어 있는 여러 개의 경기장, 생방송 비디오 영상, 맞춤식 오락물, 각종 웹사이트 정보와 소식 등에 우리의 낮과 밤의 모든 순간이 잠식될 수 있다. 오늘날과 같은 스펙터클의 시대를 살았던 세대는 일찍이 없었다. 앞으로도 기업들은 자신들의 큰 이익을 방해하는 주된 요소인 우리의 수면을 빼앗기 위해 치열한 싸움을 벌이면서 이전보다 훨씬 더 괴상한 스펙터클로 제로섬의 한계를 지닌 우리의 관심을 계속해서 노릴 것이다.

7. 우리는 정기적으로 하나님의 스펙터클 잔치 앞에 우

리 자신을 가져다 놓아야 한다. 오늘날의 미디어는 정신없이 빠르게 주어지는 전기적 자극을 통해 우리의 감각을 압도해서 우리 주위에 있는 하나님의 기이한 것들을 보지 못하게 만든다. 그리스도께서는 최상의 스펙터클이시고, 우리는 성경에서 그분의 영광스러운 생애를 발견하지만 그분만이 유일한 하나님의 스펙터클인 것은 아니다. 교회에서 성찬과 세례와 말씀 선포가 이루어진다. 그런 반복적인 스펙터클은 우리에게서 예배와 회개와 기쁨의 반응을 계속해서 불러일으킨다. 우리는 피조 세계에 드러난 하나님의 스펙터클에 대해서도 종종 관심을 기울여야 한다. 피조 세계의 스펙터클도 창조주 하나님의 경이로운 능력과 위엄을 의식할 수 있게 해주고, 경외심으로 감사와 예배를 드리게 만든다.[18] 자연을 소재로 다룬 다큐멘터리는 동물들의 습관이나 움직임을 관찰할 수 있는 기회와 우리가 직접 볼 수 없는 세상의 경이로운 장소들을 세밀하게 볼 수 있는 시각적 선물을 제공한다. 우리는 경이로움을 경험하기

---

18. 롬 1:18-23.

위해 창조되었고, 하나님이 창조하신 세계는 우리의 눈앞에서 창조주의 영광을 찬양하고 싶어 한다. 그러나 그렇게 하려면 화상 기기를 뒤로하고, 폭풍우가 부는 날 현관 앞에 나가 번갯불을 바라보면서 "빛"과 "소리" 사이의 시간을 헤아려 그 거리를 계산해보고, 밝히 드러난 하나님의 권능을 경이로워해야 한다.

8. **관계는 스펙터클 대화를 변화시킨다.** 우리는 다른 사람으로부터 우리 자신을 보호하기 위해 스펙터클을 남용할 때가 너무나도 많다. 거실 소파에 앉아 정면을 바라보고 있는 심슨 가족들처럼, 비디오는 우리 옆에 앉아 있는 사람들을 간과하거나 무시하게 만든다. 우리는 다른 사람이 곁에 있는데도 외로움의 통증을 달래기 위해 미디어에 집중한다.

물론, 어떤 스펙터클은 스포츠 행사나 연극이나 영화와 관련된 것일지라도 친구나 배우자나 자녀와 함께 서로를 사랑하고, 교제를 나누며, 서로에게 귀를 기울이게 만드는 고귀한 목적을 이루는 기능을 발휘하기도 한다. 스펙터클을 다른 그리스도인을 사랑하는 수단으로 사용할 수도 있다. 그리스도인들은 스펙터클 자체를 넘어서서 하나님의 신적 목적을 바라볼 수 있다. 시각적인 스펙터클은 그 자체로 목적이 아니라, 다른 사람의 삶에 참여할 수 있는 잠재적 수단, 곧 공통된 모험의 기회, 관계 안에서 서로를 알 수 있도록 도와주는 새로운 통로 역할을 한다.

우리는 어둠 속에서 혼자서 보는 스펙터클이나 휴대전화로 보는 영화나 혼자서 하는 게임을 주의 깊게 분별해야 한다. 다른 사람과 함께 스펙터클을 보면 무가치한 스펙터클을 분별하도록 서로를 도울 수 있다. 우리는 항상 다른 사람과 관계를 맺고, 교제를 나눌 준비가 되어 있어야 한다.

9. **우리는 그리스도를 바라보는 초자연적인 습관을 길러야 한다.** 체스터턴은 런던의 극장들을 폐쇄한 청교도들을 비판하면서 그들의 태도는 치명적인 오류를 안고 있었다고 주장했다. 그는 "청교도주의는 진리를 직접 묵상하는 데서 비롯하는 순수한 희열을 3세기 동안 유지해 나갈 수 없었다. 잠시라도 그렇게 할 수 있다고 상상했던 것이 청교

도주의의 큰 실책이었다."라고 말했다.[19] 체스터턴이 말한 진리를 직접 묵상하는 데서 비롯하는 순수한 희열이란 실패에 그친 청교도적 이상주의가 창안한 것이 아니었다. 그것은 바울의 이중 명령에서 비롯했다. 그리스도 안에서 새 생명을 얻은 우리에게는 "그리스도께서 앉아 계시는 위의 것을 찾으라"는 명령과 "위의 것을 생각하고 땅의 것을 생각하지 말라"는 명령이 주어졌다(골 3:1-2).

이렇게 진리를 직접 생각하는 순수한 희열의 경험은 직접적인 응시를 통해 주어진다. 마음mind은 데이터를 처리하는 컴퓨터가 아니다. 그것은 보는 기능을 한다. 물론, 바울의 말은 성경을 통해 보는 것을 의미한다. 그러나 우리의 응시는 직접적이고, 그 대상은 참된 현실이다. 이 명령은 선택사항이 아니다. 청교도들은 그것을 결코 선택사항으로 여기지 않았다.

청교도들은 "모든 삶이 자신의 미각에 이끌린다*omnis vita*

---

19. G. K. Chesterton, *Collected Plays and Chesterton on Shaw*, vol. 11, Collected Works of G. K. Chesterton (San Francisco: Ignatius Press, 1989), 381.

gusta ducitur"라는 라틴어 문구를 선용했다. 그들은 모든 피조물이 자기가 좋아하는 음식을 원하는 내적 갈망을 따른다는 것을 알았다. 모든 미각은 직관적이고 선천적으로 기뻐하는 것을 따른다. 따라서 그리스도를 향한 갈망이 생겨나려면 우리의 본성이 은혜로 새롭게 변화되어야 한다. 그분이 우리에게 달콤하게 느껴져야만 세상의 쾌락을 좇는 대중적인 욕구에서 자유로워질 수 있다. 죄의 달콤함이 새로운 미각을 통해 씁쓸하게 바뀌어야 한다. 그리스도의 쾌락이 우리를 이끌었던 옛 쾌락을 죽여 없애야 한다. 그렇게 되려면 우리 안에서 새로운 본능적 미각이 생겨나야 한다.[20]

우리는 그리스도의 죽음 및 부활과 연합했기 때문에 그분이 우리를 주장하시며 그분은 우리의 존재의 중심에 거처를 취하신다.[21] 그분은 모든 것을 변화시키고, 하나님을 갈망하는 마음을 일깨우신다. 그리스도 중심적인 스펙터클을 추구하는 것이 부자연스럽게 느껴진다면 그 이유는 그

---

20. Thomas Goodwin, *The Works of Thomas Goodwin* (Edinburgh: James Nichol, 1861), 3:480, 6:465 – 66, 10:118 – 19.

21. 갈 2:20.

것이 모든 점에서 초자연적이기 때문이다. "그러므로 너희가 그리스도와 함께 다시 살리심을 받았으면 위의 것을 찾으라 거기는 그리스도께서 하나님 우편에 앉아 계시느니라"(골 3:1). 하늘에 계신 그리스도를 찾는 욕구는 주권자이신 하나님만이 주실 수 있는 선물이다. 오직 다시 살아난 영혼들만이 보이지 않는 그리스도의 스펙터클에 적합하게 조정된 외경심의 욕구awe-appetite를 지닐 수 있다.

이 땅의 삶 속에서, 대중오락의 부패성은 직접적이라기보다는 간접적일 때가 많다. 무슨 말인가 하면, 그 부패성은 단지 너무 많이 드러내는 데 있을 뿐 아니라 충분히 보이기를 실패하는 데 있기도 하다. 오늘날의 영화와 텔레비전 드라마는 하나님을 하찮게 여기는 세상의 세계관을 제시한다. 따라서 우리는 데이비드 플랫 목사의 경고를 귀담아들어야 할 필요가 있다. 그는 이렇게 말했다. "일주일 내내 텔레비전을 보면 그리스도처럼 될 수 없다. 일주일 내내 인터넷만 하면 그리스도처럼 될 수 없다. 이 세상의 것들로 삶을 가득 채우면 그리스도처럼 될 수 없다. 그리스도의 영광을 바라보고, 순간순간 (성경에 기록된 하나님의 계시를 통해) 그분의 영광에 우리의 삶을 노출시켜야만 그리스도처럼 될 수 있다."[22]

그리스도의 스펙터클에 우리의 마음을 고정시키려면, 이 세상이 전혀 알지 못할 뿐 아니라 심지어 우리의 자연적인 성향에도 낯설기만 한 개인적인 훈련을 수행해야 한다. 우리는 성경 말씀을 섭취하여 구원자를 갈망하는 우리의 새로운 욕구에 자양분을 제공함으로써 새로운 신적 언어, 곧 보이지 않는 영광이라는 낯선 언어를 습득해야 한다. 우리의 새로운 욕구는 우리를 그리스도께로 향하게 만든다. 이 점에 있어, 제조된 스펙터클을 열망하는 세상의 욕구와 그리스도인의 욕구는 가장 분명하게 구별된다.

10. **고통당하는 세상을 향해 은혜에 대해 말하라.** 그리스도의 고난이라는 스펙터클은 단지 믿음의 눈으로 바라봐야 할 대상에 그치지 않는다. 그것은 온갖 고통의 스펙터클이 난무하는 세상에서 은혜의 사역을 감당할 때 세상과의

---

22. David Platt, "Unveiling His Glory," sermon, March 16, 2008, radical. net.

접점을 제공한다.

미디어는 사회적 불의를 당하는 사람들, 사회 안의 권력자들의 먹잇감이 된 자들, 괴롭힘을 당하는 사람들 등, 세계 곳곳에서 벌어지는 불의와 비극의 스펙터클을 우리 눈에 비춰준다. 은혜는 우리의 눈을 열어 그 모든 고통을 보고, 압제당하는 자들과 시련을 겪는 사람들에게 다가가서 그들을 사랑으로 섬기도록 이끈다.[23]

십자가의 스펙터클은 뉴스에 나오는 최근의 희생자들(카메라에 비친 희생자들이나 그렇지 않은 희생자들 모두)에 대한 새로운 동정심을 일깨운다. 기독교적 사랑은 단순한 인도주의적 감정이 아니다. 기독교적 사랑은 항상 십자가에 근거한다. 교회가 사랑으로 말하는 이유는 정치적으로 "깨었기" 때문이거나 세상의 고통스러운 신음에 민감하기 때문이 아니라, 성찬을 통해 십자가에서 희생하신 주님의 크나큰 고통과 감미로운 은혜를 정기적으로 맛보기 때문이다. 연주 무대나 영화를 통해 십자가를 극적으로 묘사한 작품을 볼 때

---

23. 마 25:31 – 46.

일시적으로 크게 감동할 수는 있지만, 주님의 성찬(떡과 포도주를 통해 나타나는 단순하면서도 심원한 상징)은 본능적인 반응보다 훨씬 더 깊은 무언가를 끌어내는 상상력을 발휘하게 한다. 성찬은 우리 심령의 내적 애정affection과 우리 마음의 상상력 넘치는 묵상에 자양분을 공급함으로써, 또 한 주간 동안 그리스도를 바라보며 다른 사람들을 사랑으로 섬길 수 있는 준비를 갖추도록 이끄는 의식이다.[24] 생명의 중심으로서 그리스도를 생각하면서 우리는 하나님이 우리에게 주신 상상력을 가장 크게 발휘한다. 정기적으로 반복되는 이 의식을 통해 그리스도의 죽음의 고통이 생생하게 되살아나고 그분의 고난이 우리에게 한층 더 가깝게 다가온다. 그 덕분에 교회는 고통당하는 세상을 향해 희망의 말씀을 전할 수 있다. 십자가의 스펙터클을 오랫동안 묵상하면 온갖 불의가 밝히 드러나고, 전해야 할 말씀이 새롭게 떠오르며, 섬길 수 있는 에너지가 새롭게 솟아난다.

---

24. Henry Scougal, *The Works of the Rev. H. Scougal* (London: Ogle, Duncan, 1822), 204.

§30 나의 가장 큰 우려

오늘날 우리의 소명은 로마의 유혈 스포츠를 없애려고 노력했던 초기 그리스도인들과는 달리 전문적인 운동 경기를 없애는 것이 아니다. 런던의 극장의 문을 닫았던 청교도들과 달리 할리우드의 스튜디오들을 없애는 것도 우리의 소명이 아니다. 우리의 소명은 무가치한 것을 분별해 우리의 삶을 헛된 스펙터클로 채우려는 충동을 거부할 수 있는 개인적인 훈련을 수행하는 것이다.

간단히 말해, 나의 우려는 "그리스도를 지루해하는 것"이라는 한마디 말로 요약할 수 있다. 디지털 시대에서 그리스도가 무미건조하게 느껴진다면, 그것은 곧 이 세상의 스펙터클이 우리의 마음을 가득 채워 가장 뛰어난 우주의 스펙터클에 대해 흥미를 잃었다는 사실을 상기시켜주는 심각한 경고음이 아닐 수 없다.

와이파이 용량이 확장되고, 스마트폰의 화면이 더 선명해지고, 텔레비전이 더 커지면서, 작은 극장들이 각 가정의 중심 자리를 요구하고, 우리는 형상의 세계 안에서 살기 시작한다. 물론, 이 세상의 그 어떤 스펙터클도《무한한 흥미》*Infinite Jest*나 메두사의 머리처럼 우리의 넋을 완전히 빼앗거나 우리를 돌로 변하게 할 수는 없다. 그러나 그런 스펙터클을 무분별하게 마구 받아들이면, 보이지 않는 영원한 기쁨에 대해 우리의 마음이 냉랭해지고, 둔해지고, 무뎌질 수밖에 없다.

이 책의 내용이 일종의 미디어 율법주의를 강요하는 것처럼 느껴진다면 딱 한 가지만 분명하게 말해두고 싶다. 마구 밀고 들어오는 미디어의 시대 속에서 비틀거리며 실패를 반복하는 우리를 성령께서 책망하지 않으시면, 우리는 절망의 늪 속에 깊이 빠져들거나 영구적인 죄책감의 진흙탕 속에서 허우적거릴 수밖에 없다는 것이다. 그렇다. 우리 모두 우리의 시간과 관심을 디지털 화상에 빼앗기는 어리석음을 저질러 왔다. 그러나 십자가의 메시지는 그리스도 안에서 자유롭게 된 우리가 더 위대한 것을 위해 살 수 있다는 사실을 일깨워준다. 우리는 우리의 가장 큰 보화요 최상의 스펙터클이 있는 위의 것에 관심을 기울임으로써, 자유롭게 그분 중심으로 살면서 그분을 즐거워하고 영화롭게 할 수 있다.

물론, 우리는 놀고, 웃고, 운동하고, 서로를 즐거워하기 위해 창조되었다. 그러나 놀이는 다른 사람들과 공유하는 한 조각의 삶처럼 삽입구 같은 성격을 띠어야만 가장 건강할 수 있다. 스펙터클의 시대에 놀이는 한계가 없으며 우리를 고립시키는 성격을 띨 때가 많다. 모든 "재미있는" 것은 미디어의 손을 거쳐 눈을 즐겁게 하는 볼거리가 되어 무한정 우리의 의식 속으로 파고든다. 텔레비전, 섹스, 정치, 게임, 광고, 소셜 미디어, 스포츠 따위를 통해 새로운 스펙터클이 끊임없이 쏟아져 나와 우리의 놀이 영역을 뒤덮고, 전체주의화하려는 열망의 거센 물결로 우리의 의식적인 삶 전부를 잠식한다. 그것을 거부하지 못하고 스펙터클 제작자들의 이권에 굴복한다면, 우리의 삶은 끝없는 광란으로 치닫고 말 것이다.[1]

영혼의 지루함은 심각한 문제다. 영혼이 지루해지면 죄와 평화롭게 어울리게 된다. 일시적으로 우리의 지루함을

---

1. Umberto Eco, *Turning Back the Clock: Hot Wars and Media Populism* (Wilmington, MA: Mariner, 2008), 71–76.

달래주겠다고 약속하는 새로운 오락거리가 우리의 윤리적 맹점을 공략한다. 미디어를 분별한다는 것은 영혼의 단조로움을 직시하는 것을 의미한다. 지루하다고 소리치는 순간, 이 미디어의 광란, 곧 이 과도한 디지털 자극에 휘말려 들어 마음이 무감각해진다. 우리 모두는 누군가에게 또는 무언가에게 우리 자신을 내주어야만 한다. 그러나 이 미디어 시대에 우리의 사랑과 애정affection은 얼음 같은 헛된 오락물에 의해 꽁꽁 얼어버린다. 우리가 스펙터클 제작자들에게 조종당하는 소비자로 전락하는 순간, 우리의 마음은 완악해진다. 우리는 스펙터클의 시대의 덫에 단단히 걸려든 상태이기 때문에 우리의 삶을 나누어줄 수가 없다. 디지털 스펙터클을 가장 친한 친구로 삼는 것은 곧 하나님과 원수가 되는 것이다.[2]

마음과 거기에서 우러나는 사랑과 욕구를 지키는 것이 그리스도인의 고귀한 소명이다.[3] 인생의 가장 큰 실수는

---

2. 약 4:4.

3. 잠 4:23.

영원한 가치를 지닌 보화를 찾기 위해 깊이 잠수하지 않고, 세상의 스펙터클이라는 얕은 물에서 철벅거리며 노는 것이다. 어떤 새로운 미디어가 발명되어 인기를 얻고, 오늘날의 스펙터클 제작을 통해 어떤 문제가 제기되더라도 우리는 항상 방심하지 않는 긴박한 태도로 그리스도 안에 삶의 닻을 드리워야 한다. 매트 챈들러는 "인간이 누릴 수 있는 가장 심원한 기쁨은 그리스도 예수 안에서 발견된다. 우리는 일시적이고 순간적인 하찮은 기쁨보다는, 영혼을 가득 채우고 삶을 변화시키는 영원한 기쁨을 진지하게 추구해야 한다."라고 말했다.[4] 우리는 미디어 시대를 살아가는 그리스도의 제자들로서 항상 "얼마만큼"과 "어디까지"를 분별하면서 예수 그리스도의 영광에 삶의 초점을 맞추어야 한다.

미디어 시대에 이루어지는 그리스도인의 싸움은 우월한 스펙터클에서 뿜어나오는 힘을 통해서만 승리할 수 있다.

---

4. Matt Chandler, "Recovering Redemption—Part 11: Persevering in the Pursuit of Joy," youtube.com, November 10, 2013.

그리스도는 스펙터클 무한 경쟁이 이루어지는 시대, 곧 소셜 미디어의 시대에 우리를 안전하게 보호할 수 있는 유일한 분이다. 그분은 살았을 때나 죽었을 때나, 오늘날의 미디어 시대에서나 장차 다가올 세상에서나 항상 우리의 유일한 소망이 되신다.

§31 축복을 전하는 아름다움

수잔 보일은 직장이 없던 스코틀랜드 출신의 평범한 마을 주민이었다. 그런 그녀가 〈브리튼즈 갓 탤런트〉라는 TV 쇼에 출연해 번쩍거리는 무대 위에 올라, 온 세상을 향해 전문 가수로서의 명성을 얻고 싶은 열망을 드러냈다. 심사위원들은 관심 없는 태도로 의자에 기대고 앉아 못 믿겠다는 표정으로 비웃었다.

그녀의 노래가 시작되었다.

"나는 꿈을 꾸었습니다I Dreamed a Dream"라는 노래의 첫 소절이 울려 퍼지는 순간, 객석에 앉아 있던 관객들은 모두 입을 쩍 벌리지 않을 수 없었다. 그녀의 공연 실황을 담은 영상이 즉시, 신속하게 퍼져 나갔다. 그 후로 온라인 조회수는 수억 회에 달했다. 음악 교수이자 작곡가인 마이클 린턴은 이렇게 말한다. "보일의 공연 영상을 다시 보라. 다만 이번에는 심사위원들을 유심히 살펴보라. 노래가 3분의 2쯤 진행되자 그들에게서 변화가 일어나기 시작한다. 지루함, 비웃음, 전문성, 심지어는 그들의 나이까지 모든 것이 말끔히 사라지는 것처럼 보인다…보일의 노래를 듣고 있는 사이몬 코웰, 아만다 홀든, 피어스 모건의 얼굴을 보면, 모두가 아름답게 변한 것처럼 보인다. 주인공인 그녀와 그녀를 비롯해 과거의 다른 여성들을 잘못 판단했던 일을 떠올리며 스스로의 부끄러움을 인정하는 심사위원들, 겸연쩍어하며 환호를 내지르는 관객들, 이 이벤트, 음악, 말 등, 그 모든 것을 통해 수잔 보일의 노래의 아름다움이 마치 그들 위에 임하는 축복이 되어 맴도는 것처럼 느껴진다. 잠시, 순간적으로 그들의 가장 온전한 모습이 어렴풋이 드러난다. 너그럽고, 행복하고, 복 받은 것처럼 보인다…그들은 참으로 깊이, 그리고 장엄하게 아름답다."[1]

아름다운 스펙터클은 비록 일시적일지라도 다른 사람들을 아름답게 만든다. 이런 일시적인 축복은 하나님의 자녀들을 위한 심원한 다이내믹과 닮았다. 그리스도인의 삶은 하나님이 우리를 보시는 방식과 우리를 창조하신 의도대로 우리를 충만하고, 온전히 아름답게 만들 아름다운 스펙

---

1. Michael Linton, "Beauty and Ms. Boyle," firstthings.com, April 20, 2009.

터클을 지향한다. 그리스도 안에서 우리는 우리에게 최상의 행복을 가져다줄 영속적인 스펙터클을 닮아 동화되어 아름답게 변한다.

§32 지복직관

이 세상의 모든 아름다운 것들을 하나의 대상으로 축약하면 그것이 세상에서 가장 위대한 스펙터클이 될 것이다. 그러나 그런 스펙터클조차도 모든 아름다움의 근원이신 살아 계신 하나님을 보는 것, 곧 눈과 영혼을 황홀하게 만드는 위대한 영원의 스펙터클과 비교하면 한갓 희미한 그림자에 지나지 않을 것이다.[1]

그러나 우리는 기다려야 한다. 지금은 믿음의 감각 가운데 귀가 가장 큰 기능을 한다. 나중에 영원한 세상에서는 눈이 가장 큰 기능을 발휘할 것이다. 우리는 더욱 위대한 것을 바라며 긴장 속에서 살고 있다. 그리스도인인 우리는 현 세상에 살고 있지만 종말론적인 미래, 곧 하늘나라의 영광을 바라본다. 우리는 죄의 유혹과 이 세상의 무가치한 것들에 마음을 두지 말고, 물리적인 눈으로*visio oculi* 하나님의 모습*visio Dei*과 그리스도를 보게 될 날을 갈망하는 믿음으로

---

1. Jeremiah Burroughs, *The Saint's Happiness*, Dutch Church, Austin Friars (London, 1660), 424.

살아가야 한다.[2] 장차 우리는 그 무엇도 필적할 수 없는 찬란한 광채를 발하시는 그리스도를 온전히 보는 지복직관을 누리게 될 것이다.

그리스도께서는 세상에 계실 때 잠시 제자들이 보는 앞에서 용모를 변형시키셨다.[3] 우리는 성경에 나타난 그분의 변화된 영광의 모습을 통해 거룩해지는 은혜를 경험하지만, 장차 보게 될 아름다움의 스펙터클은 너무나도 강력해서 우리를 일순간에 온전히 아름답게 변화시킬 것이다. 주 예수님이 우리 앞에 그분의 모습을 온전히 드러내심으로써 우리의 성화를 완성하고, 우리의 온전한 인성을 회복시켜 우리 안에 있는 흉하고, 흠 있고, 부패한 것들 모두를 깨끗하게 정화하실 것이다. 그리스도를 봄으로써 우리의 영혼 안에는 영원한 행복과 기쁨과 즐거움이 가득 넘칠 것이다.[4]

---

2. 마 5:8; 고전 13:12; 요일 3:2.
3. 마 17:1-13; 막 9:2-13; 눅 9:28-36.
4. 시 16:11.

우리는 이 광경을 보기 위해 창조되었다. 각종 소비재, 화장품, 다이어트, 멋지게 보이게 해주겠다는 광고 제작자들의 약속 따위에 걸었던 모든 헛된 희망, 올바른 용모와 선택을 통해 우리의 정체성을 멋지게 형성하려 했던 모든 헛된 희망은 거품 같은 개인적 정체성을 스스로 만들어보려는 시도가 얼마나 허무한 것인지를 더욱 분명하게 상기시켜줄 뿐이었다. 모세의 얼굴에 서린 광채와는 달리, 구세주의 빛나는 모습의 광채 안에서 우리는 그분의 신적 영광의 빛으로 철저하게 빛을 받아, 하나님의 형상을 온전히 회복한 자로서 그분의 영광을 영원토록 발산할 것이다. 우리가 우주의 역사상 가장 위대한 영광의 스펙터클, 곧 변화된 주님의 영원한 모습을 보는 순간부터 그리스도의 아름다움의 광채가 우리 안에 거할 것이다.

우리는 말로 형용할 수 없는 그리스도의 임재의 영광을 통해 우리의 불완전함이 모두 제거되고, 온전히 아름답게 변화될 그날을 고대한다. 그러나 다시 말하지만 그 순간은 이미 우리 안에서 시작되었다. 굿윈은 "믿음은 지복직관의 시작이다."라고 말했다.[5] 에드워즈는 그리스도를 아는 현재의 지식이 이 세상에서 "가장 감미롭고 행복하게 하는 것"이라고 말하면서 "다른 지식은 즐거울 수 있지만 이 지식은 영원한 행복의 원천이 되는 빛이다. 이것이 지복직관의 시작이다."라고 덧붙였다.[6] 그렇다. 그리스도의 아름다움은 믿음의 눈앞에서 이미 펼쳐지기 시작했고, 우리를 아름답게 변화시키고 있다. 이따금 성경을 통해 어렴풋하게나마 그리스도의 영광을 보면, 지복직관의 광채를 느낄 수 있다. 그것이 이미 "영광에서 영광에 이르도록" 우리를 변화시키고 있다(고후 3:18). 우리는 그분 안에서 가장 큰 사랑의 대상, 가장 안전한 정체성, 가장 고대하는 스펙터클을 발견한다.

그러나 지금은 디지털 형상의 시대다. 스펙터클 산업은 마치 자동 소총을 갈기듯 새로운 미디어 모듈을 우리에게

---

5. Thomas Goodwin, *The Works of Thomas Goodwin* (Edinburgh: James Nichol, 1861), 21:24.

6. Jonathan Edwards, "One Thing Needful," in *Jonathan Edwards Sermons*, ed. Wilson H. Kimnach (New Haven, CT: Yale University, 1731), sermon on Luke 10:38 – 42, n.p.

쉴 새 없이 쏟아붓는다. 우리는 미래를 기대하며 이 미디어 시대를 살아간다. 우리는 더 위대한 광경을 기대하며 그런 모듈 공세를 피하는 법을 배운다. 이 세상은 스펙터클을 고대하며 살아가는 것이 무슨 의미인지 알지 못한다. 세상은 새로운 스펙터클을 거침없이 집어삼키는 끝없는 욕망에 대해 알 뿐이며, 기다림이라고는 예고편과 본 영화 사이에 느끼는 짧은 기대감만을 알고 있을 뿐이다. 오직 그리스도인들만이 미래의 스펙터클 안에서 진정한 소망을 발견한다. 자기가 보는 것을 바랄 사람이 누가 있겠는가?[7] 새로운 것을 보기 위해 안달하는 시각 중심적인 세상에서 오직 진정한 소망만이 우리를 인내하게 만들 수 있다. 우리는 보이는 스펙터클이 아닌 믿음으로 행한다. 우리가 가진 소망은 심지어 지금도 우리를 깨끗하게 하는 힘을 발휘한다.[8]

우리는 한 걸음 한 걸음, 믿음으로 그리스도를 향해 그리고 지복직관의 순간을 향해 나아간다. 우리에게 장차 주어

---

7. 롬 8:24.
8. 요일 3:3.

질 찬란한 영광의 스펙터클은 아직 보이지 않는다. 우리는 그것이 나타나기를 기다린다. 우리는 변모하신 그리스도의 영원한 모습을 보게 될 날을 고대하며 스펙터클 긴장 속에서 믿음으로 살아간다. 지금은 그분 안에서 믿음으로 기뻐하지만 장래에는 황홀한 광경을 직접 보며 영원히 즐거워할 것이다.[9]

9. 벧전 1:3-9.

§33 환상에서 깨어나라

이 책을 마무리하고 있는데 컴퓨터 화면 한쪽 구석에 지역 과학 박물관이 보낸 이메일 광고가 나의 관심을 자극한다. "당신의 위와 주위를 덮는 90피트의 반구형 화면을 통해 영화들을 상영합니다."라는 내용이다. 이것이 우리가 사는 세상이다. 오늘날의 세상은 우리를 스펙터클로 완전히 에워싸려는 경주를 벌인다. 가상 현실이 우리의 위, 아래, 좌우 둘레를 모두 이미지로 가득 채운다. 아마도 언젠가는 가상 현실 게임을 통해 새로운 세상이 온통 우리를 에워싸 우리 주위의 타락한 세상에서 도피할 수 있는 피난처가 될 것이다. 디스토피아를 묘사한 공상 과학 소설가들이 이미 그런 가능성을 보여주었다.[1] 오늘날의 프로그래머들은 머

---

1. "높이 치솟는 연료 가격 때문에 일반 사람들은 비행기와 자동차 여행을 감당할 능력이 없어졌다. 따라서 오아시스(OASIS)가 대다수 사람이 선택할 수 있는 유일한 탈출구가 되었다. 값싼 에너지가 풍부했던 시대가 끝나고 빈곤과 불안이 바이러스처럼 넓게 확산되기 시작했다. 할리데이(Haliday)와 모로(Morrow)의 가상 유토피아 안에서 위안을 찾으려는 사람들이 날이 갈수록 점점 더 늘어났다…오래지 않아 전 세계의 수십억 인구가 날마다 오아시스에서 일도 하고, 놀기도 하는 일이 벌어졌다. 어떤 사람들은 같은 대륙에 살지 않는데도 그곳에서 만나, 사랑에 빠져 결혼까지 했다. 사람들의 실제적인 신분과 그들의 아바타 사이의 구별이 차츰 모호해지기 시작했다. 인류의

지않아 그 가능성을 현실, 곧 가상 현실로 만들어 "트랜스 휴먼transhuman (많은 점에서 인간과 비슷하지만 보통의 인간보다 능력과 재능이 뛰어난 존재—역자주) 유토피아"를 생성해 낼지도 모른다. 그 안에서 우리는 인종과 나이와 성별과 체형과 상관없이 자신이 원하는 대로 만들어 낸 아바타를 통해 자신의 의식적인 삶을 표현할 수 있으며, 그렇게 구현된 삶은 우리가 거하고, 살며, 기동하는 디지털 세상을 위해 우리 스스로가 각자의 취향대로 창안한 사이버 이미지로 뒤덮인다.

어떤 형태의 황홀한 스펙터클이 주어지든 간에, 60년 전에 주어진 대니얼 부어스틴의 경고는 여전히 유효하다. 오늘날의 세대는 환상에 빠진 정도가 인류 역사상 가장 심각하다. 우리는 이미 우리의 환상 속에서 살아간다. 우리의 스펙터클이 우리를 에워싸는 전경이 되었다. 그것이 동심원의 돔을 이루어 사방에서 우리의 시야를 차단하고 있다. 우리는 일찍이 유례가 없었던 스펙터클의 세상에 살고 있

대다수가 비디오 게임 안에서 자유 시간을 모두 소비하는 새로운 시대가 탄생했다." Ernest Cline, *Ready Player One: A Novel* (New York: Crown, 2011), 59–60.

다. 우리는 우리를 에워싸도록 선택한 스펙터클에 대해 주권을 행사한다. 관객인 우리는 우리의 시각적인 삶을 자발적으로 통제한다. 그러나 이런 세상의 극장은 홀로그램의 속성을 띤다. 그것은 우리를 대량 조회와 비주얼 희망과 집단적 취향의 요소에 짜 맞추려고 시도하는 이미지들을 가지고 현실을 축소한다.

오늘날의 시대는 스펙터클을 무한정 제공한다. 선택할 수 있는 스펙터클이 끊임없이 쏟아지는 동안, 가장 견고한 영원한 현실들이 씻겨 떠내려가고, 우리의 삶에서 비전과 목적과 영원한 지향점은 텅 비게 된다. 이 시대와 대조를 이루며, 인간 본성의 완성자요 우리 삶의 중심이요 현실의 핵심이요 우주의 창조주이신 예수 그리스도, 곧 최상의 스펙터클이 서 있다. 지금은 보이지 않지만, 그분은 우리의 가장 깊은 신뢰와 가장 큰 사랑을 요구하신다.[2]

우리는 그리스도 안에서 우리의 관심을 올바로 회복하고, 관심의 상인들을 배격해야 한다. 우리는 우리의 관심을

---

2. 마 10:37.

새롭게 회복해 세월을 아껴야 한다.[3] 그리스도를 믿는 믿음으로 하지 않는 것은 무엇이든 헛된 환상에 지나지 않는다. 그런 것은 찰나에 사라져 아무것도 아닌 것으로 변해 버릴 무가치한 이미지에 불과하다.[4] 우리는 더욱 영광스러운 시각적 현실이 우리를 기다리고 있다는 것을 기억하고, 이 시대의 시각적인 것들, 곧 모든 형태의 투사된 이미지들을 뚫고 나가야 한다. 우리는 그리스도와 함께 십자가에 못 박혔기 때문에 또한 이 세상의 헛된 스펙터클에 대해서도 십자가에 못 박힌 상태다. 곧 사라져 없어질 무가치한 스펙터클의 세상도 나에 대해 십자가에 못 박혔다. 우리의 궁극적인 스펙터클이신 그리스도께로 관심을 돌리면, 깜박거리는 화소를 통해 나타나는 이 시대의 무가치한 것들과 우리가 사랑하는 우상들이 신기하게도 희미해지기 시작한다. 우리는 이 시각 중심적인 세상을 매료시키는 현란한 광경들을 뚫고 나아가, 지금은 희미하게 보이지만 장차 온전히

---

3. 골 4:5 (KJV).

4. 롬 14:23; 고후 4:17 – 18.

변모하신 모습으로 우리의 눈앞에 완전한 형상을 드러내실 주님의 영광스러운 스펙터클을 보기를 고대한다.[5]

스마트폰 화면이 햇빛을 직접 받으면 아무것도 보이지 않게 되는 것처럼, 우리는 장차 그리스도의 얼굴을 보게 될 것이다. 그날에 그분의 영광스러운 광채가 드리우는 순간, 이 환상의 세상에 존재하는 모든 헛된 스펙터클과 화소로 표현된 이 시대의 우상들이 마침내 영원히 사라질 것이다.

---

5. 고전 13:12.

개혁된 실천 시리즈 ─────

1. 깨어 있음
깨어 있음의 개혁된 실천
브라이언 헤지스 지음 | 조계광 옮김

성경은 모든 그리스도인에게 신분이나 인생의 시기와 상관없이 항상 깨어 있을 것을 권고한다. 브라이언 헤지스는 성경과 과거의 신자들의 가르침을 바탕으로 깨어 있음의 "무엇, 왜, 어떻게, 언제, 누가"에 대해 말한다. 이 책은 반성과 자기점검과 개인적인 적용을 돕기 위해 각 장의 끝에 "점검과 적용" 질문들을 첨부했다. 이 책은 더 큰 깨어 있음, 증가된 거룩함, 삼위일체 하나님과의 더 깊은 교제를 향한 길을 발견하고자 하는 사람을 위한 책이다.

2. 기독교적 삶의 아름다움과 영광
그리스도인의 삶의 개혁된 실천
조엘 R 비키 편집 | 조계광 옮김

본서는 그리스도인의 삶에서 정말로 중요한 요소들을 압축적으로 담고 있다. 내면적 경건생활부터 가정, 직장, 전도하는 삶, 그리고 이 땅이 적대적 환경에 대응하며 살아가는 삶에 대해 정확한 성경적 원칙을 들어 말하고 있다.
이 책은 주제들을 잘 선택해 주의 깊게 다루는데, 주로 청교도들의 글에서 중

요한 포인트들을 최대한 끌어내서 핵심 주제들을 짚어준다. 영광스럽고 아름다운 그리스도인의 삶의 청사진을 맛보고 싶다면 이 책을 읽으면 된다.

3. 목사와 상담
목회 상담의 개혁된 실천
제레미 피에르, 디팍 레주 지음 | 차수정 옮김

이 책은 목회 상담이라는 어려운 책무를 어떻게 수행해야 하는지 차근차근 단계별로 쉽게 가르쳐준다. 상담의 목적은 복음의 적용이다. 이 책은 이 영광스러운 임무를 효과적으로 수행할 수 있도록 첫 상담부터 마지막 상담까지 상담 프로세스를 어떻게 꾸려가야 할지 가르쳐준다.

4. 장로 핸드북
모든 성도가 알아야 할 장로 직분
제랄드 벌고프, 레스터 데 코스터 공저 | 송광택 옮김

하나님은 복수의 장로를 통해 교회를 다스리신다. 복수의 장로가 자신의 역할을 잘 감당해야 교회 안에 하나님의 통치가 제대로 편만하게 미친다. 이 책은 그토록 중요한 장로 직분에 대한 성경의 가르침을 정리하여 제공한다. 이 책의 원칙에 의거하여 오늘날 교회 안에서 장로 후보들이 잘 양육되고 있고,

성경이 말하는 자격요건을 구비한 장로들이 성경적 원칙에 의거하여 선출되고, 장로들이 자신의 감독과 목양 책임을 잘 수행하고 있는가? 우리는 장로 직분을 바로 이해하고 새롭게 실천하여야 할 것이다. 이 책은 비단 장로만을 위한 책이 아니라 모든 성도를 위한 책이다. 성도는 장로를 선출하고 장로의 다스림에 복종하고 장로의 감독을 받고 장로를 위해 기도하고 장로의 직분 수행을 돕고 심지어 장로 직분을 사모해야 하기 때문에 장로 직분에 대한 깊은 이해가 필수적이다.

5. 집사 핸드북
모든 성도가 알아야 할 집사 직분

제랄드 벌고프, 레스터 데 코스터 공저 | 황영철 옮김

하나님의 율법은 교회 안에서 곤핍한 자들, 외로운 자들, 정서적 필요를 가진 자들을 따뜻하고 자애롭게 돌볼 것을 명한다. 거룩한 공동체 안에 한 명도 소외된 자가 없도록 이러한 돌봄이 잘 이루어져야 한다. 이 일은 기본적으로 모든 성도가 힘써야 할 책무이지만 교회는 특별히 이 일에 책임을 지고 감당하도록 집사 직분을 세운다. 오늘날 율법의 명령이 잘 실천되어 교회 안에 사랑과 섬김의 손길이 구석구석 미치고 있는가? 우리는 집사 직분을 바로 이해하고 새롭게 실천하여야 할 것이다. 그것은 교회 공동체를 향한 하나님의 거룩

한 뜻이다.

6. 지상명령 바로알기
지상명령의 개혁된 실천

마크 데버 지음 | 김태곤 옮김

이 책은 지상명령의 바른 이해와 실천을 알려준다. 지상명령은 복음전도가 전부가 아니며 예수님이 분부하신 모든 것을 가르쳐 지키게 하는 것까지 포함하는 포괄적인 명령이다. 따라서 이 명령 아래 살아가고 있는 그리스도인들은 모든 것을 가르쳐 지키게 하는 그러한 시스템을 구축하고 이를 실천해야 한다. 이 책은 예수님이 이 명령을 교회에게 명령하셨다고 지적하며 지역 교회가 이 일을 수행할 수 있는 실천적 방법들을 구체적으로 다루고 있다. 삶으로 그리스도를 따르는 제자들로 가득 찬 교회를 꿈꾼다면 이 책이 큰 도움이 될 것이다.

7. 예배의 날
제4계명의 개혁된 실천

라이언 맥그로우 지음 | 조계광 옮김

제4계명은 십계명 중 하나로서 삶의 골간을 이루는 중요한 계명이다. 하나님의 뜻을 따르는 우리는 이를 모호하게 이해하고, 모호하게 실천하면 안 되며, 제대로 이해하고, 제대로 실천해야 한다. 이를 위해 우리는 이 계명의 참뜻을 신중하게 연구해야 한다. 이 책은 가장 분명한 논증을 통해 제4계명의 의미를

해석하고 밝혀준다. 하나님은 그날을 왜 제정하셨나? 그날은 얼마나 복된 날이며 무엇을 하면서 하나님의 복을 받는 날인가? 교회사에서 이 계명은 어떻게 이해되었고 어떤 학설이 있고 어느 관점이 성경적인가? 오늘날 우리는 이 계명을 어떻게 지킬 것인가?

8. 단순한 영성
영적 훈련의 개혁된 실천
도널드 휘트니 지음 | 이대은 옮김

본서는 단순한 영성을 구현하기 위한 영적 훈련 방법에 대한 소중한 조언으로 가득하다. 성경 읽기, 성경 묵상, 기도하기, 일지 쓰기, 주일 보내기, 가정 예배, 영적 위인들로부터 유익 얻기, 독서하기, 복음전도, 성도의 교제 등 거의 모든 분야의 영적 훈련에 대해 말하고 있다. 조엘 비키 박사는 이 책의 내용의 절반만 실천해도 우리의 영적 생활이 분명 나아질 것이라고 한다. 그리고 한 장씩 주의하며 읽고, 날마다 기도하며 실천하라고 조언한다.

9. 9Marks 힘든 곳의 지역 교회
가난하고 곤고한 곳에 교회가 어떻게 생명을 가져다 주는가
메즈 맥코넬, 마이크 맥킨리 지음 | 김태곤 옮김

이 책은 각각 브라질, 스코틀랜드, 미국 등의 빈궁한 지역에서 지역 교회 사역을 해 오고 있는 두 명의 저자가 그들의 실제 경험을 바탕으로 쓴 책이다. 이 책은 그런 지역에 가장 필요한 사역, 가장 효과적인 사역, 장기적인 변화를 가져오는 사역이 무엇인지 가르쳐준다. 힘든 곳에 사는 사람들을 긍휼히 여기는 마음이 있다면 꼭 참고할 만한 책이다.

10. 생기 넘치는 교회의 4가지 기초
건강한 교회 생활의 개혁된 실천
윌리엄 보에케스타인, 대니얼 하이드 공저

이 책은 두 명의 개혁파 목사가 교회에 대해 저술한 책이다. 이 책은 기존의 교회성장에 관한 책들과는 궤를 달리하며, 교회의 정체성, 권위, 일치, 활동 등 네 가지 영역에서 성경적 원칙이 확립되고 '질서가 잘 잡힌 교회'가 될 것을 촉구한다. 이 4가지 부분에서 성경적 실천이 조화롭게 형성되면 생기 넘치는 교회가 되기 위한 기초가 형성되는 셈이다. 이 네 영역 중 하나라도 잘못되고 무질서하면 그만큼 교회의 삶은 혼탁해지며 교회는 약해지게 된다.

11. 북미 개혁교단의 교회개척 매뉴얼
URCNA 교단의 공식 문서를 통해 배우는 교회개척 원리와 실천

이 책은 북미연합개혁교회(URCNA)라는 개혁 교단의 교회개척 매뉴얼로서, 교회개척의 첫 걸음부터 그 마지막 단계까지 성경의 원리에 입각한 교회개척 방법을 가르쳐준다. 모든 신자는 함께 교회를 개척하여 그리스도의 나라를 확장해야 한다.

12. 아이들이 공예배에 참석해야 하는가

아이들의 예배 참석의 개혁된 실천

대니얼 R. 하이드 지음 | 유정희 옮김

아이들만의 예배가 성경적인가? 아니면 아이들도 어른들의 공예배에 참석해야 하는가? 성경은 이에 대해 무엇을 말하는가? 아이들의 공예배 참석은 어떤 유익이 있으며 실천적인 면에서 주의할 점은 무엇인가? 이 책은 아이들의 공예배 참석 문제에 대해 성경을 토대로 돌아보게 한다.

13. 신규 목회자 핸드북

제이슨 헬로포울로스 지음 | 리곤 던컨 서문 | 김태곤 옮김

이 책은 새로 목회자가 된 사람을 향한 주옥같은 48가지 조언을 담고 있다. 리곤 던컨, 케빈 드영, 앨버트 몰러, 알리스테어 베그, 팀 챌리스 등이 이 책에 대해 극찬하였다. 이 책은 읽기 쉽고 매우 실천적이며 유익하다.

14. 마음을 위한 하나님의 전투 계획

청교도가 실천한 성경적 묵상

데이비드 색스톤 지음 | 조엘 비키 서문 | 조계광 옮김

묵상하지 않으면 경건한 삶을 살 수 없다. 우리 시대에 일어나고 있는 일이 바로 이것이다. 오늘날은 명상에 대한 반

감으로 묵상조차 거부한다. 그러면 무엇이 잘못된 명상이고 무엇이 성경적 묵상인가? 저자는 방대한 청교도 문헌을 조사하여 청교도들이 실천한 묵상을 정리하여 제시하면서, 성경적 묵상이란 무엇이고, 왜 묵상을 해야 하며, 어떻게 구체적으로 묵상을 실천하는지 알려준다. 우리는 다시금 이 필수적인 실천사항으로 돌아가야 한다.

15. 9Marks 마크 데버, 그렉 길버트의 설교

설교의 개혁된 실천

마크 데버, 그렉 길버트 지음 | 이대은 옮김

1부에서는 설교에 대한 신학을, 2부에서는 설교에 대한 실천을 담고 있고, 3부는 설교 원고의 예를 담고 있다. 이 책은 신학적으로 탄탄한 배경 위에서 설교에 대해 가장 실천적으로 코칭하는 책이다.

16. 개혁교회 공예배

공예배의 개혁된 실천

대니얼 R. 하이드 지음 | 이선숙 옮김

많은 신자들이 평생 수백 번, 수천 번의 공예배를 드리지만 정작 예배에 대해서 제대로 이해하지 못하는 경우가 많다. 당신은 예배가 왜 지금과 같은 구조와 순서로 되어 있는지 이해하고 예배하는가? 신앙고백은 왜 하는지, 목회자가 왜 대표로 기도하는지, 말씀은 왜 읽는지, 축도는 왜 하는지 이해하고 참여하는

가? 이 책은 분량은 많지 않지만 공예배의 핵심 사항들에 대하여 알기 쉽게 알려준다.

17. 존 오웬의 그리스도인의 교제 의무
그리스도인의 교제의 개혁된 실천

존 오웬 지음 | 김태곤 옮김

이 책은 그리스도인 상호 간의 교제에 대해 청교도 신학자이자 목회자였던 존 오웬이 저술한 매우 실천적인 책으로서, 이 책에서 우리는 청교도들이 그리스도인의 교제를 얼마나 중시했는지 엿볼 수 있다. 이 책은 그리스도인의 교제에 대한 핵심 원칙들을 담고 있다. 교회 안의 그룹 성경공부에 적합하도록 각 장 뒤에는 토의할 문제들이 부가되어 있다.

18. 신약 시대 신자가 왜 금식을 해야 하는가
금식의 개혁된 실천

대니얼 R. 하이드 지음 | 김태곤 옮김

금식은 과거 구약 시대에 국한된, 우리와 상관없는 실천사항인가? 신약 시대 신자가 정기적인 금식을 의무적으로 행해야 하는가? 자유롭게 금식할 수 있는가? 금식의 목적은 무엇인가? 이 책은 이런 여러 질문에 답하면서, 이 복된 실천사항을 성경대로 회복할 것을 촉구한다.

19. 네덜란드 개혁교회의 자녀양육
자녀양육의 개혁된 실천

야코부스 꿀만 지음 | 유정희 옮김

이 책에서 우리는 17세기 네덜란드 개혁교회 배경에서 나온 자녀양육법을 살펴볼 수 있다. 경건한 17세기 목사인 야코부스 꿀만은 자녀양육과 관련된 당시의 지혜를 한데 모아서 구체적인 282개 지침으로 꾸며 놓았다. 부모들이 이 지침들을 읽고 실천하면 큰 도움을 받을 수 있게 하였다. 의도는 선하더라도 방법을 모르면 결과를 낼 수 없다. 우리 그리스도인 부모들은 구체적인 자녀양육 방법을 배우고 실천해야 한다.

20. 조엘 비키의 교회에서의 가정
설교 듣기와 기도 모임의 개혁된 실천

조엘 비키 지음 | 유정희 옮김

이 책은 가정생활의 두 가지 중요한 영역에 대한 실제적 지침을 포함하고 있다. 첫째, 공예배를 위해 가족들을 어떻게 준비시켜야 하는지, 설교 말씀을 어떻게 받아야 하는지, 그 말씀을 어떻게 실천해야 하는지 설명한다. 둘째, 기도 모임이 교회의 부흥과 얼마나 관련이 깊은지 역사적으로 고찰하면서, 기도 모임의 성경적 근거를 제시하고, 그 목적을 설명하며, 나아가 바람직한 실행 방법을 설명한다.